géographie
UNE TERRE DES HOMMES
cycle 3

OLIVIER **BELBÉOCH**
AGRÉGÉ DE GÉOGRAPHIE

CLAUDE **LOUDENOT**
AGRÉGÉE D'HISTOIRE ET GÉOGRAPHIE

www.magnard.fr

Éditions Magnard
20 rue Berbier du Mets
75647 Paris cedex 13
© Magnard, Paris 2003

Invitation
à la géographie

Les instructions officielles de 2002 marquent une rupture aussi forte que celles de 1995 en ce qui concerne la géographie au cycle 3. Avec une part très importante (un quart du programme) consacrée à l'Europe, elles s'ouvrent résolument sur l'avenir. De même, la partie sur la mondialisation montre une volonté d'en terminer avec une géographie descriptive, encombrée d'une nomenclature souvent aussi inutile qu'ennuyeuse.

Le texte officiel laisse une liberté de programmation. Nous avons cependant fait le choix d'une progression du CE2 jusqu'au CM2, certes plus contraignante, mais conforme à l'esprit du nouveau programme.

Les principes de base de la collection « Une Terre, des hommes » restent les mêmes, à savoir une présentation des séquences sous forme de problématisations et une volonté délibérée que l'élève soit non seulement en « éveil » mais aussi en « activité », tout en maintenant sa curiosité à l'égard du monde qui l'entoure.

Toutefois de profondes modifications ont été apportées à la lumière des remarques et critiques que de très nombreux collègues ont eu la gentillesse de nous transmettre depuis 1996.

➤ Le texte de la leçon proprement dite a été recentré sur les fondamentaux et les phrases en gras facilitent la construction d'un résumé.
➤ L'entrée peut se faire indifféremment par les documents ou par la leçon, ce qui permet, encore plus qu'auparavant, de respecter la liberté pédagogique de chacun.
➤ Les documents ont été, pour une majorité d'entre eux, actualisés ou changés pour se conformer aux nouvelles instructions. Les textes authentiques (poésies, récits militaires, récits d'explorateurs, extraits de romans, extraits de manuels scolaires anciens...) ont été intégrés, de même que des œuvres d'art ou des publicités, offrant ainsi la possibilité d'activités transversales avec les autres disciplines.
➤ De nombreuses séquences ne faisant pas explicitement partie du nouveau programme ont été enlevées. En revanche, certaines pages méthodologiques facilitant le passage en douceur de « l'espace vécu » au cycle 2 à la discipline « géographie » proprement dite ont été maintenues.
➤ Les activités liées aux séquences, qui faisaient l'objet de cahiers complémentaires, ont été incluses dans le livre de l'élève. Un codage simple permet de distinguer celles qui renvoient à l'observation ou l'analyse d'un document (toujours référencé) de celles qui peuvent être proposées sans avoir forcément le livre sous les yeux.
➤ La cartographie a été particulièrement soignée. Les départements d'outre-mer sont associés de manière systématique aux cartes de France et, le plus souvent possible, à la même échelle. De plus, les échelles des cartes permettent, dans la plupart des cas, d'effectuer des mesures simples à partir d'une règle. Il en est de même pour les graphiques.
➤ L'Atlas, déjà présent dans les réimpressions de la dernière édition, est désormais indexé, ce qui en fait un véritable outil à disposition des élèves.

Depuis les quinze dernières années, le monde a profondément changé. Le continent européen est appelé, dans les prochaines années, à connaître de nouvelles modifications fondamentales pour son avenir après celles survenues avec l'élargissement vers l'Est.

À ce sujet, les cartes, de même que les données chiffrées, seront périodiquement actualisées et mises en ligne sur le site Internet des Éditions Magnard.

LES AUTEURS

Sommaire

Dans les pavés ACTIVITÉS **vous trouverez :**

① des activités de recherche.

❶ des exercices liés directement aux documents de la page. Les numéros des documents concernés sont indiqués entre parenthèses.

Les mouvements de la Terre

La Terre n'est pas immobile.
Elle tourne sur elle-même et autour du Soleil.
Quels sont les mouvements de la Terre ?

La Terre tourne un peu comme une toupie. Elle met vingt-quatre heures pour faire un tour complet sur elle-même. Quand on fait face au Soleil, il fait jour. Sinon, il fait nuit.

C'est ce mouvement de rotation qui explique la succession du jour et de la nuit sur notre planète.

La Terre tourne aussi autour du Soleil. Elle met à peu près un an pour accomplir un tour. Comme une toupie, elle est légèrement inclinée.

Cette inclinaison et ce mouvement de révolution autour du Soleil expliquent la succession des saisons tout au long de l'année.

ACTIVITÉS

1. Imagine que tu regardes les quatre globes à partir du Soleil. (doc. 1. a à d)
   – Sur quel(s) globe(s) fait-il jour en Europe ?
   – Sur quel(s) globe(s) fait-il jour en Amérique ?

2. Si tu devais poursuivre la série,
   – quel globe apparaîtrait six heures après le globe du document 1. d ?
   – quel globe apparaîtrait douze heures après le globe du document 1. d ?
   Combien de temps s'écoule-t-il avant que la Terre retrouve la même position ?

LEXIQUE   révolution, rotation.

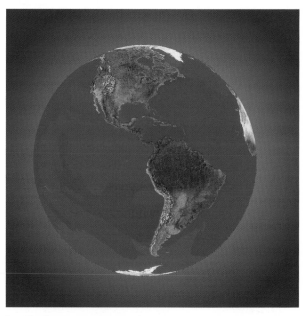

1. a. Voici ce que tu verrais si tu étais immobile dans le ciel.

b. Six heures plus tard.

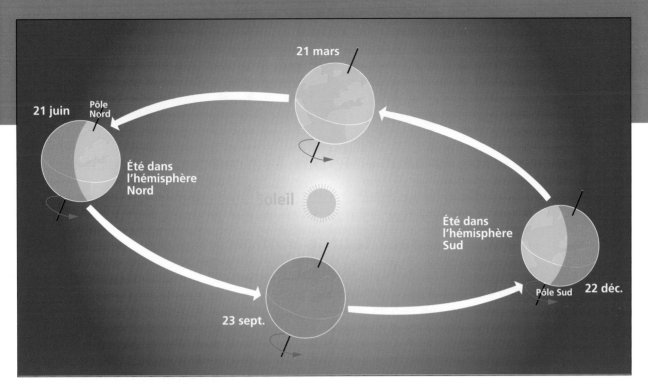

2. Voici ce que tu verrais si tu étais immobile pendant un an dans l'espace.

③ Fais tourner la Terre sur elle-même le 22 décembre et le 21 juin.
  – Le pôle Nord est-il éclairé le 22 décembre ? le 21 juin ?
  – Le pôle Sud est-il éclairé le 22 décembre ? le 21 juin ?

④ Imagine une expérience en classe permettant de reconstituer
  le mouvement de la Terre autour du Soleil. Écris la liste du matériel
  dont tu as besoin.

c. Douze heures plus tard.

d. Dix-huit heures plus tard.

Les points cardinaux

**Sur la Terre, le haut et le bas, la droite et la gauche
ne sont pas les mêmes pour tous.
Pour se repérer, on a besoin de points fixes
pour tout le monde.
Quels sont-ils ?**

La boussole est un instrument qui permet de retrouver les directions.

Où que l'on soit, la petite aiguille aimantée de la boussole indique toujours la même direction : le nord.

Pour retrouver les autres directions, il suffit de faire coïncider le nord de la boussole avec l'aiguille, comme indiqué sur la photographie.

ACTIVITÉ

Sauras-tu aider le pirate à retrouver son trésor ? Chaque point représente un pas. Il doit commencer par faire un pas vers l'ouest. Écris les directions successives qu'il doit prendre. Comment retourne-t-il à son point de départ ?
À ton tour de concevoir une « chasse au trésor ».

1. Une boussole.

2. Les huit directions de la rose des vents.

MATÉRIEL POUR FABRIQUER
UNE BOUSSOLE :

* un aimant ;
* une aiguille ;
* un flotteur ;
* une bassine d'eau.

Fixe l'aiguille sur l'aimant.

Pose l'aimant sur le flotteur et plonge-le dans l'eau de la bassine.

L'aimant (et l'aiguille qui est fixée dessus) tournera en direction de l'axe nord-sud.

Le soleil se lève à l'est

On dit souvent que le Soleil se « lève » à l'est
et qu'il se « couche » à l'ouest.
Est-ce vrai ?

ACTIVITÉS

① Dans la classe ou dans l'école, trouve une fenêtre d'où l'on peut observer le lever du Soleil. Place-toi à 50 cm de la vitre. Trace un repère au sol pour que toutes tes mesures soient effectuées du même endroit. Au moment où le Soleil se lève, fixe une gommette sur la vitre, exactement à l'endroit où tu l'as vu se lever. Renouvelle l'expérience une fois par semaine pendant plusieurs mois.

② Décris chacun des dessins extraits d'un ancien livre de géographie. Que penses-tu de ces dessins ? (doc. 2a. à d.)

③ Reprends la rose des vents de la page 9, document 2. Quelle direction indique le soleil à son lever à Paris le 21 juin ? le 22 décembre ?

21 juin
▼

1. Les levers du Soleil à Paris.

22 décembre
▼

EST

2. a. à **d.** 1958, *Géographie, cours élémentaire,* Baron, éditions Magnard.

b.

Depuis toujours, les hommes ont observé la course du Soleil dans le ciel pour se repérer.

Mais, au cours de l'année, le Soleil ne se « lève » pas exactement au même endroit. De même, le lieu où il se « couche » change lentement au fil des saisons.

Les seuls jours où le Soleil se « lève » exactement à l'est sont ceux du printemps et de l'automne.

c.

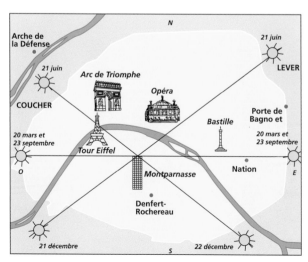

3. La course apparente du Soleil à Paris au fil des saisons.

d.

Ne pas perdre le sud ni le nord

Quand on n'a pas de boussole, on peut retrouver
sa direction grâce au Soleil et aux étoiles.
De quelle façon ?

1. Le matin.

À midi.

L'après-midi.

ACTIVITÉ

Recherche ce qu'est un « cadran solaire »
et explique son fonctionnement.

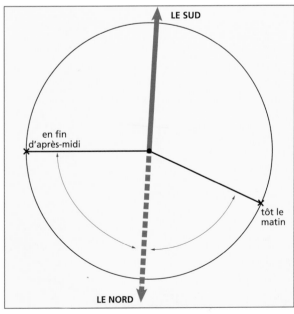

2. Trouver le sud avec le Soleil.

Étoile polaire

3. La position de l'étoile Polaire.

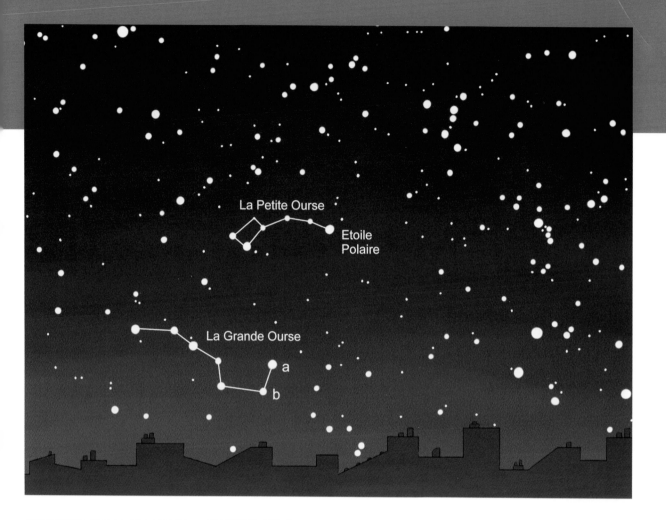

La Petite Ourse

Etoile
Polaire

La Grande Ourse

a

b

COMMENT TROUVER L'ÉTOILE POLAIRE

Pour trouver la Petite Ourse, repérez les deux étoiles a et b de la Grande Ourse. Elles déterminent une distance et une direction.
En reportant cinq fois cette distance vers le haut, on trouve l'étoile Polaire. C'est une étoile brillante qui fait partie de la Petite Ourse.
De l'étoile Polaire, on descend vers l'horizon au plus court pour avoir la direction du nord.

4. La Grande Ourse, la Petite Ourse et l'étoile Polaire.

LA GRANDE OURSE À TRAVERS LES ÂGES

« Au cours des millénaires, la Grande Ourse a eu plusieurs dénominations. Les Arabes y voyaient une caravane à l'horizon, les Romains des bœufs d'attelage, les Indiens d'Amérique du Nord une louche et c'était un unijambiste pour les peuples d'Amérique centrale. »

5. André Jouin, *Connais-tu les étoiles ?*, Seuil, 1945.

Selon les saisons, le Soleil ne « monte » pas toujours jusqu'à la même hauteur. En été il est très haut dans le ciel et en hiver il est très bas. **Quand le Soleil est au plus haut dans le ciel, il nous indique toujours la même direction : la ligne nord-sud.**

En Europe, le Soleil au plus haut indique toujours le sud. À cette heure de la journée, les ombres nous montrent la direction opposée : le nord.

En Martinique, en Guyane, en Guadeloupe ou à la Réunion, selon les saisons, le Soleil au plus haut dans le ciel indique tantôt le nord, tantôt le sud.

Quelle que soit l'heure et quel que soit le jour de l'année, l'étoile Polaire est toujours dans le prolongement de l'axe de rotation de la Terre.

La nuit, pour trouver le nord, il suffit de situer l'étoile Polaire.

Se situer sur la Terre

Pour se situer sur la Terre,
les hommes ont inventé des repères.
Quels sont-ils ?

L'équateur est une ligne imaginaire qui **partage** le globe en deux parties : l'hémisphère Nord et l'hémisphère Sud.

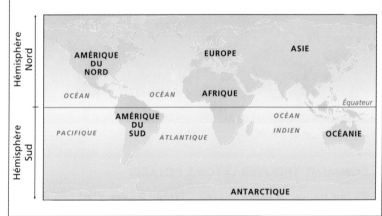

1. L'équateur et les hémisphères.

Le globe a été découpé en **tranches parallèles à l'équateur.** Ces tranches ont été numérotées de 0° à 90°N entre l'équateur et le pôle Nord, de 0° à 90°S de l'équateur au pôle Sud.

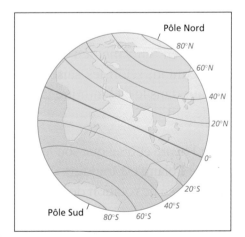

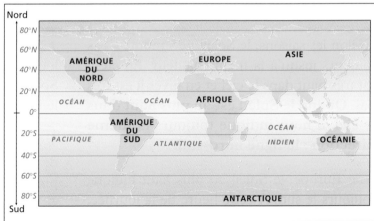

2. Les parallèles et les latitudes.

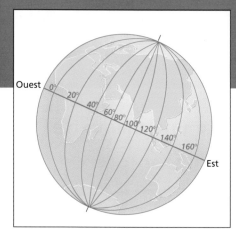

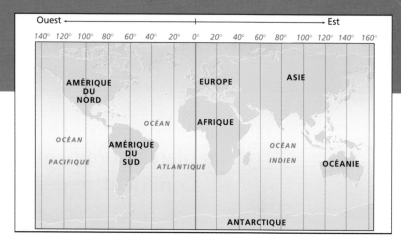

3. Les méridiens et les longitudes.

Le globe a également été découpé en quartiers, comme une orange. Les lignes imaginaires qui joignent les deux pôles s'appellent les méridiens. Les méridiens ont eux aussi été numérotés à partir de celui qui passe par l'observatoire de Greenwich à Londres.

ACTIVITÉS

1. En utilisant le document 4, indique si ces points sont situés sur le continent ou dans la mer : A (60°N ; 60°E), B (20°N ; 20°E), C (80°S ; 60°O), D (20°S ; 100°O).

2. Jusqu'à quels parallèles doit-on aller pour contourner l'Afrique et l'Amérique du Sud en bateau ? (doc. 4)

La Terre est découpée un peu comme un quadrillage. **On peut retrouver un lieu sur une carte grâce à ses coordonnées géographiques.**

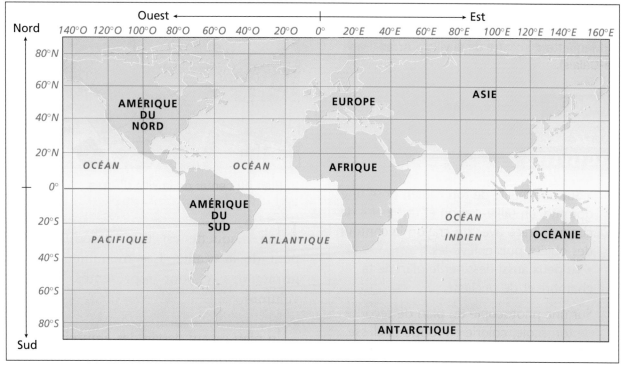

4. La Terre quadrillée.

De la maquette au plan

Quelles différences remarque-t-on entre une maquette
et un plan ? Comment se repérer ?
Comment se déplacer ?

Sur la maquette qui représente le centre de la ville d'Arras, tous les détails apparaissent. On peut compter les fenêtres, on voit les toits et même une tour avec une horloge.

1. Maquette du centre de la ville d'Arras (Pas-de-Calais).

LEXIQUE **échelle, plan.**

ACTIVITÉS

① • Sur une feuille de ton cahier, pose une gomme, un taille-crayon et une paire de ciseaux. Trace avec un crayon le contour des objets, puis enlève-les.
• Tu peux aussi dessiner le plan de ta chambre et de ta classe.

② Sur une photocopie du plan de sécurité de ton école, colorie en rouge ta classe. Indique le nom des maîtresses et des maîtres des autres classes.

Sur le plan du centre de la ville d'Arras, on ne peut pas savoir si un immeuble est grand ou petit. Mais des informations qui n'existent pas sur la maquette apparaissent sur le plan :
– le nom des places ;
– des lettres en rouge qui indiquent où sont situés l'hôtel de ville (H) et le parking (P) ;
– des zones coloriées en noir et en jaune qui indiquent s'il s'agit de bâtiments publics ou d'habitations.

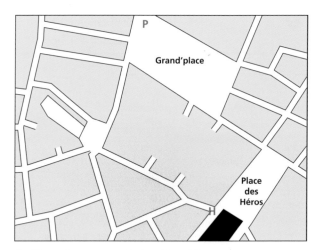

2. Plan du centre de la ville d'Arras.

Une maquette est une reproduction en petit de la réalité. Les monuments et les immeubles y sont représentés par des volumes.

Un plan est un dessin des empreintes laissées au sol par les immeubles. Les volumes n'apparaissent pas.

Le plan permet de représenter toute la ville d'Arras. Une échelle indique les distances. Des couleurs, des symboles, des lettres et des numéros permettent de situer les parcs, l'hôpital, les églises ou le théâtre. Les noms des rues principales sont écrits. Grâce au quadrillage, on peut retrouver les rues.

Avec un plan, on peut découvrir où se trouve un lieu inconnu et comment s'y rendre.

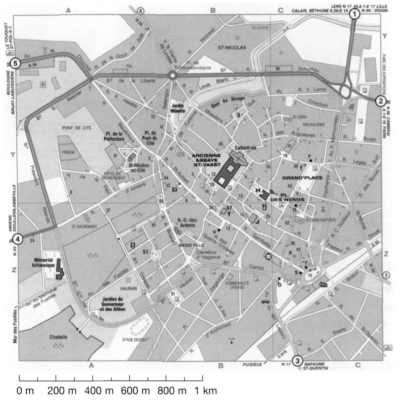

ARRAS	
Adam (R. Paul)	AY 2
Agaches (R. des)	BY 3
Albert-Iᵉʳ-de-Belg. (Rue)	BY 4
Ancien-Rivage (Pl. de l')	BY 5
Barbot (R. du Gén.)	BY 6
Baudimont (Rond-Point)	AY 7
Carabiniers d'Artois (R. des)	AY 8
Cardinal (R. du)	CZ 9
Delansorne (R. D.)	BZ 10
Doumer (R. Paul)	BY 12
Ernestale (R.)	BZ 13
Ferry (R. Jules)	AY 15
Foch (Pl. Maréchal)	CZ 16
Gambetta (R.)	BZ
Gouvernance (R. de la)	BY 18
Guy-Mollet (Pl.)	CY 19
Kennedy (Av. J.)	AZ 24
Legrelle (R. E.)	BCZ 25
Madeleine (Pl. de la)	BY 28
Marché-au-Filé (R. du)	BY 30
Marseille (Pl. de)	BZ 31
Robespierre (R.)	BZ 34
Ronville (R.)	CZ 35
St-Aubert (R.)	BY
Ste-Claire (R.)	AZ 37
Ste-Croix (R.)	CY 39
Strasbourg (Bd de)	CZ 42
Taillerie (R. de la)	CY 43
Teinturiers (R. des)	BY 45
Théâtre (Pl. et R.)	BZ 47
Verdun (Cours de)	AZ 49
Victor-Hugo (Pl.)	AZ 51
Wacquez-Glasson (Rue)	CZ 52
Wetz-d'Amain (Pl. du)	BY 53
29-Juillet (R. du)	BY 54
33ᵉ (Pl. du)	BY 55

0 m   200 m   400 m   600 m   800 m   1 km

3. Plan de la ville d'Arras.

ACTIVITÉS

3 Écris le nom de trois rues situées en AY. (doc. 3)

4 Sur le document 3, où est située la Grand-place ?

5 Indique le chemin qu'il faut prendre pour aller du stade (AZ) à l'église Notre-Dame-des-Ardents (BZ). (doc. 3)

6 Avec une règle, mesure la distance qui sépare le parking de la gare (CZ) de la cathédrale (BY). (doc. 3)

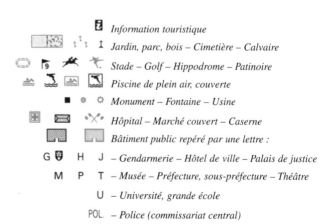

Information touristique

Jardin, parc, bois – Cimetière – Calvaire

Stade – Golf – Hippodrome – Patinoire

Piscine de plein air, couverte

Monument – Fontaine – Usine

Hôpital – Marché couvert – Caserne

Bâtiment public repéré par une lettre :

G H J *– Gendarmerie – Hôtel de ville – Palais de justice*

M P T *– Musée – Préfecture, sous-préfecture – Théâtre*

U *– Université, grande école*

POL. *– Police (commissariat central)*

4. Légende extraite du guide Michelin.

Qu'est-ce qu'une carte ?

Plans et cartes représentent tous deux une partie de l'espace terrestre. Pourtant ce n'est pas la même chose. Qu'est-ce qui les différencie ?

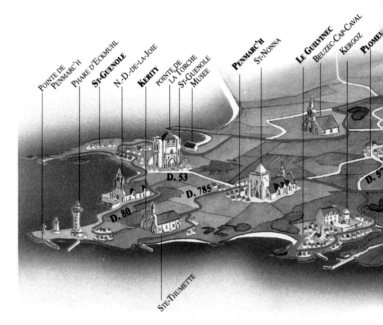

1. Dessin de la pointe de Penmarc'h (Finistère).

Un plan représente un petit morceau d'espace que l'on peut apercevoir du haut d'un grand immeuble. Un plan sert avant tout pour retrouver son chemin et se déplacer.

Une carte représente un morceau d'espace que l'on ne peut pas voir en entier.

Une carte comporte des indications qui ne figurent pas sur un plan. Ces indications sont données par la légende.

ACTIVITÉS

1. Sur la carte (doc. 2), que représentent les doubles traits rouges et jaunes ?
2. Que signifient les nombres écrits en rouge ? Que représente le 9 écrit en rouge ? (doc. 2)
3. Peut-on arriver en train à Loctudy ? (doc. 2)

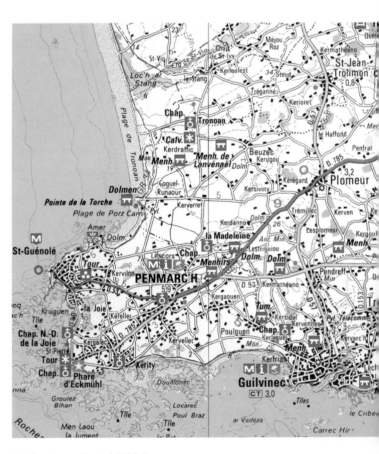

2. Carte au 1 : 100 000.

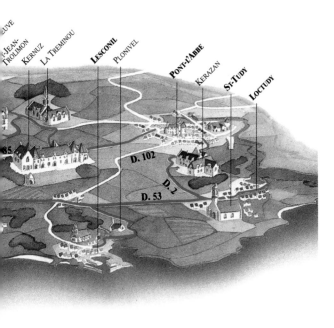

Symboles et abréviations utilisés sur les cartes

Autoroute	**A 10**
Voie à caractère autoroutier	**N 12**
Numéro de sortie d'échangeur	**A 7**
Route à chaussées séparées	**N 20**
Routes principales : 2 voies et plus	**N 170**
2 voies étroites et moins	**N 12**
Routes secondaires : 2 voies et plus	**N 233**
2 voies étroites et moins	**D 94**
Distances kilométriques (totalisées entre ○ ou villes importantes)	
Autres routes : régulièrement entretenues	
irrégulièrement entretenues	
Chemin d'exploitation, laie forestière	
Sentier (1) Sentier muletier (2)	
Limite et chef-lieu de canton, limite de commune	**CT**
Sentier de grande randonnée	
Route interdite	
Chemins de fer : à 2 voies (1), à 1 voie (2), à voie étroite (3)	
Gare (1), Arrêt (2), ouverts au trafic voyageur (3), Tunnel (4)	
Passages à niveau (1), inférieur (2), supérieur (3)	
Passages de rivière : pont isolé (1), bac (2), gué (3), barrage (4)	
Canaux : navigable (1), non navigable (2)	
Écluse (1), Gare, port (2), Tunnel (3)	
Réservoir (4), Château d'eau (5)	
Aqueducs sur le sol (1), souterrain (2), sur pont (3)	
Lac ou étang : permanent (1), périodique (2), Marais (3)	
Marais salants (1) Sables et rochers (2) Courbe de danger (3) Écueil (4)	
Église (1), Chapelle (2), Calvaire (3)	
Monuments : Mégalithe (1), commémoratif (2), Cimetière (3)	
Château (1), Tour (2), Ruines (3)	
Phare (1), Usine (2), Point de vue (3)	
Chiffre de population en milliers d'habitants	**0,3**
Bois (1), Broussailles (2),	
Vergers (3), Vignes (4)	

Jeux de cartes

Les cartes représentent des petites parties de la Terre. Certaines sont très précises, d'autres représentent de très grandes surfaces. Quelle carte choisir ?

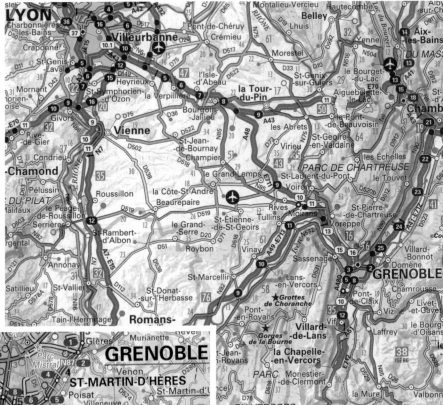

▲ 1. Carte au 1 : 1 000 000.

```
0     10    20    30    40 km
```

◀ 2. Carte au 1 : 250 000.

```
0                        10 km
```

ACTIVITÉS

❶ Classe les quatre cartes, de la plus précise à la moins précise, en indiquant les échelles.

❷ Tu te rends en classe de neige de Lyon à Gresse-en-Vercors d'abord en TGV (de Lyon à Grenoble), puis par le car (de Grenoble à Gresse-en-Vercors) et enfin à pied (du centre de Gresse-en-Vercors au chalet puis aux téléskis). Quelles

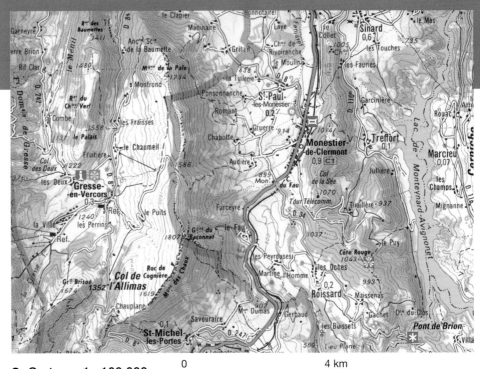

3. Carte au 1 : 100 000.

0 ————————— 4 km

L'échelle de la carte indique de combien de fois elle a été rapetissée par rapport à la réalité. Sur les cartes à grande échelle, l'espace représenté est petit et les détails sont très nombreux. Sur les cartes à petite échelle, l'espace représenté est vaste mais on relève très peu de détails. La légende d'une carte permet de repérer des détails que l'on ne peut pas dessiner directement sur la carte.

I l faut choisir la carte qui correspond à ses besoins.

4. Carte
au 1 : 25 000.

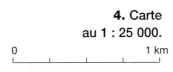

0 ————————— 1 km

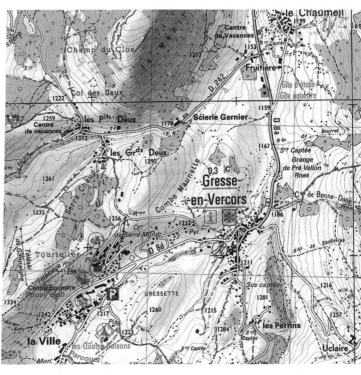

cartes dois-tu choisir pour suivre chacun des itinéraires ?

❸ En utilisant la légende de la carte page 19, indique quatre nouveaux détails concernant Gresse-en-Vercors qui apparaissent sur la carte 2 par rapport à la carte 1, puis sur la carte 3 par rapport à la carte 2, enfin sur la carte 4 par rapport à la carte 3.

Photographie et carte

Tu as sous les yeux une photographie et une carte.
Sauras-tu repérer sur la carte ce que l'on peut voir
sur la photographie et vice versa ?

Sur la photographie, plus on est proche du Guilvinec plus les détails sont visibles. Plus on s'en éloigne, plus les détails deviennent flous.

Sur la carte, tout est représenté avec la même précision. Les noms y sont écrits.

Il y a des détails de la photographie que l'on ne voit pas sur la carte et des détails de la carte que l'on ne voit pas sur la photographie.

ACTIVITÉS

1 Comment s'appelle la pointe rocheuse que l'on observe au premier plan ?
la plage située à l'ouest du Guilvinec ?
(doc. 1 et 2)

2 Dessine le symbole utilisé sur la carte pour représenter les phares situés à l'extrémité des trois digues. (doc. 2)

3 L'engin de levage bleu dans le port du Guilvinec, visible sur la photographie, est-il représenté sur la carte ?

22 **1.** Le Guilvinec (Finistère), vue aérienne de la ville et du port.

2. Extrait d'une carte au **1 : 25 000**.

0   1 km   2 km

❹ À 7 cm du bord gauche de la photographie, tu peux repérer une forme ovale. Retrouve-la sur la carte. Qu'y a-t-il à proximité que l'on ne peut pas découvrir avec la seule photographie ?

❺ Repère, sur la carte, la route départementale D57 qui part du fond du port vers le nord-nord-ouest. Elle longe la gendarmerie et des stades. Repère-les sur la photographie. Juste avant d'arriver aux stades, tourne sur la route, à droite. Voit-on sur la carte qu'elle est bordée d'arbres ? En continuant, on remarque une grande usine blanche sur la photographie. Repère-la sur la carte. Dessine le symbole utilisé.

❻ Retrouve des symboles identiques sur la carte et sur la photographie.

❼ De quel côté faudrait-il tourner la photographie pour que carte et photographie correspondent exactement ?

23

Utiliser un atlas

Un atlas est un livre de cartes.
Comment s'en servir ?

L'atlas est à la géographie ce que le dictionnaire est au français. On doit s'en servir chaque fois que l'on entend parler d'une ville ou d'un pays dont on ne connaît pas l'emplacement. On doit le consulter si l'on veut trouver des renseignements sur un pays ou une région.

L'index de l'atlas contient tous les noms inscrits sur les cartes. Ils sont classés, comme dans un dictionnaire, par ordre alphabétique. Tu peux en trouver un à la fin du livre, pages 188 à 191.

Un quadrillage permet de repérer le lieu sur la carte. **Pour retrouver un lieu inconnu sur une carte, il faut consulter l'in-dex, trouver la page puis le situer avec le quadrillage.** Un titre, une échelle et une légende accompagnent la carte.

Dans les atlas plus complets, pour les adultes, les coordonnées géographiques sont indiquées.

ACTIVITÉS

1. Dans quelle case est située Belfort ?
2. Écris trois noms de lieux situés dans la case A2.
3. Repère Briey, Épinal et Dijon. Quelle est la ville la plus au nord ? la plus au sud ? à l'ouest ? à l'est ?

Aignay-le-Duc **A3**	Besançon **C3**	Charleville-Mézières **A1**	Dannemarie **D3**
Algrange **C1**	Béthoncourt **C3**	Charmes **C2**	Delle **C3**
Altkirch **D3**	Bienne **D3**	Charquemont **C3**	Dieulouard **C2**
Ancerville **B2**	Blainville-sur-l'Eau **C2**	Château-Porcien **A1**	Dieuze **C2**
Anould **C2**	Blénod-lès-Pont-à-Mousson **C2**	Château-Salins **C2**	Differdange **B1**
Arc-en-Barrois **B3**	Blotzheim **D3**	Châtenois **B2**	Dijon **B3**
Arc-les-Gray **B3**	Bouillon **B1**	Châtenois **D2**	Dole **B3**
Arlon **B1**	Boulay-Moselle **C1**	Châtillon-sur-Seine **A3**	Dombasle-sur-Meurthe **C2**
Arnay-le-Duc **A3**	Bouligny **B1**	Chaumont **B2**	Donchery **A1**
Ars-sur-Moselle **C1**	Bourbonne-les-Bains **B3**	Chenôve **A3**	Douaumont **B1**
Asfeld **A1**	Bouxwiller **D2**	Chevigny-Saint-Sauveur **B3**	Dun-sur-Meuse **B1**
Audeux **B3**	Bouzonville **C1**	Cirey-sur-Vezouze **C2**	Échenoz-la-Méline **C3**
Audincourt **C3**	Brazey-en-Plaine **B3**	Clairvaux **A2**	Éloyes **C2**
Audun-le-Roman **B1**	Brienne-le-Château **A2**	Clermont-en-Argonne **B1**	Épinal **C2**
Audun-le-Tiche **B1**	Briey **B1**	Colombey-les-Deux-Églises **A2**	Esch-sur-Alzette **B1**
Aumetz **B1**	Bruyères **C2**	Commercy **B2**	Essoyes **A2**
Auxonne **B3**	Buhl **D3**	Conflans-en-Jarnisy **B1**	Étain **B1**
Baccarat **C2**	Carignan **B1**	Contrexéville **B2**	Étival-Clairefontaine **C2**
Bar-le-Duc **B2**	Carling **C1**	Cornimont **C3**	Ettelbruck **C1**
Bar-sur-Aube **A2**	Cernay **D3**	Créhange **C1**	Falck **C1**
Bar-sur-Seine **A2**	Chalindrey **B3**	Creutzwald **C1**	Fameck **C1**
Basse-Ham **C1**	Chambolle-Musigny **A3**	Danjoutin **C3**	Faulquemont **C1**
Baume-les-Dames **C3**	Champigneulles **C2**		Ferrette **D3**
Belfort **C3**			Floing **A1**

1. Extrait de l'index d'un atlas.

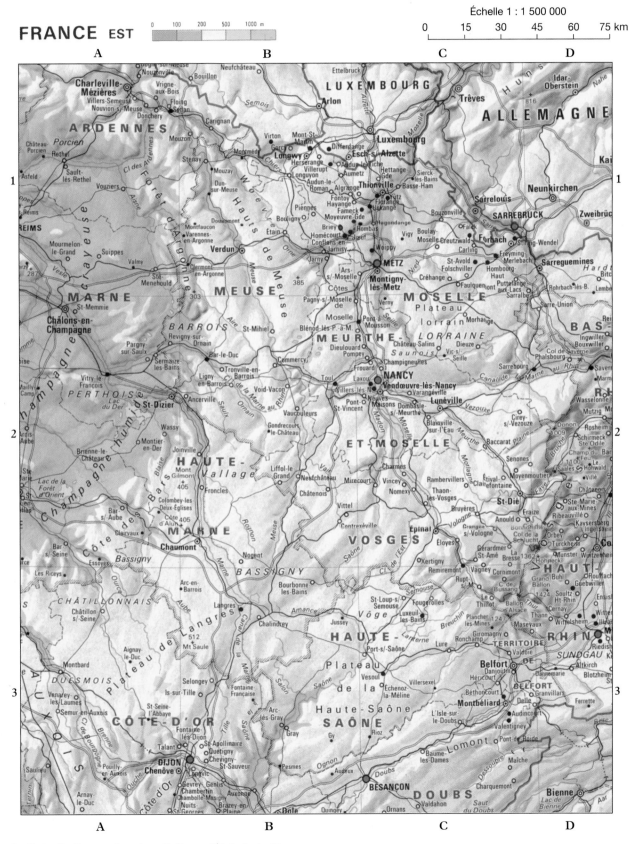

2. Extrait d'une planche d'atlas : l'Est de la France.

Les températures

Chacun réagit à sa manière au temps qu'il fait.
L'un dira qu'il a chaud et l'autre qu'il a froid.
On a besoin d'un instrument de mesure.
Quel est-il ?

La lecture du thermomètre permet de connaître la température qu'il fait. Il suffit pour cela de lire le nombre qui est à côté du liquide coloré.

Certains thermomètres affichent directement la température et gardent en « mémoire » les températures la plus haute et la plus basse enregistrées.

En répétant la lecture du thermomètre chaque jour à la même heure, on peut construire une courbe des températures.

1. Un thermomètre.

Trempe pendant quelques secondes ta main droite dans une bassine d'eau chaude et ta main gauche dans une bassine d'eau froide.

Puis, plonge les deux mains dans une bassine d'eau tiède.
Que ressent ta main droite ? Et ta main gauche ?

2. Une expérience.

ACTIVITÉS

① Quelle est la température la plus élevée ? (doc. 4 et 5)

② Quelle est la température la plus basse ? (doc. 4 et 5)

③ À quels jours correspondent ces températures ? (doc. 4 et 5)

④ Quelle température a-t-il fait le lundi 17 octobre ? (doc. 4 et 5)

⑤ Quand a-t-il fait le plus froid, le lundi ou le jeudi ? (doc. 4 et 5)

⑥ Quel est le jour où la température était la même ? (doc. 4 et 5)

⑦ Quels sont les jours où la température a été inférieure à 10 °C ? (doc. 4 et 5)

⑧ Quels sont les jours où la température a été égale à 10 °C ? (doc. 4 et 5)

⑨ Quels sont les jours où la température a été supérieure à 10 °C ? (doc. 4 et 5)

⑩ Dans la classe, à tour de rôle, effectuez le relevé de la température à l'extérieur, jour après jour, du mois de septembre au mois de juin. Le thermomètre ne doit pas être placé au soleil ni trop près de la vitre.

3. Un thermomètre digital avec heure, jour, mois, météo, températures intérieure et extérieure.

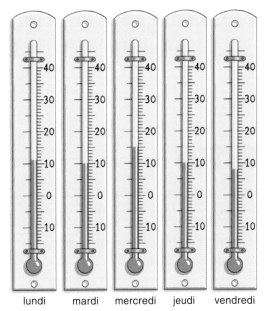

4. Relevé des températures du 17 octobre au 21 octobre.

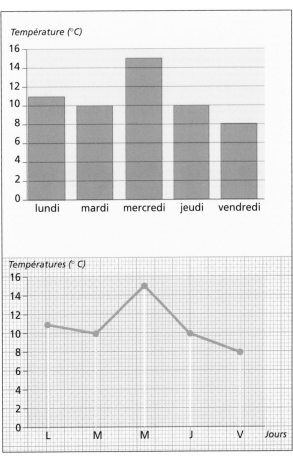

5. Graphiques des températures du 17 octobre au 21 octobre.

La pluie qui tombe

Comme pour les températures, il faut un instrument pour mesurer la quantité d'eau qui tombe. Quel est-il ?

ACTIVITÉS

1 Quels sont les jours où il a le plus et le moins plu ? (doc. 1 et 2)

2 Quelle quantité d'eau est tombée vendredi 21 ? (doc. 1 et 2)

3 Quelle quantité d'eau est-il tombé en tout du lundi au vendredi ? (doc. 1 et 2)

4 Quelle quantité de pluie est tombée le jour où il a fait le plus chaud ? le plus froid ? Écris une phrase qui résume ces deux informations. (doc. 5 page 27 et doc. 2 ci-dessous)

5 À quelle heure la pluie a-t-elle été la plus abondante à Châteauneuf-du-Pape ? (doc. 4)

L'eau qui arrive sur la Terre peut prendre des formes diverses. Elle peut être liquide : la pluie, la rosée du matin ou les gouttelettes d'eau contenues dans le brouillard. Elle peut être solide, comme la neige, le givre ou la grêle.

Toute cette eau forme les précipitations.

Le pluviomètre mesure la quantité d'eau qui tombe sur le sol.

1. Un pluviomètre.

LEXIQUE précipitations.

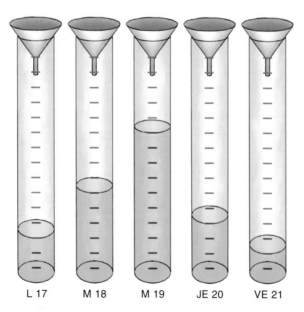

L 17   M 18   M 19   JE 20   VE 21

2. Relevés du pluviomètre du 17 au 21 octobre.

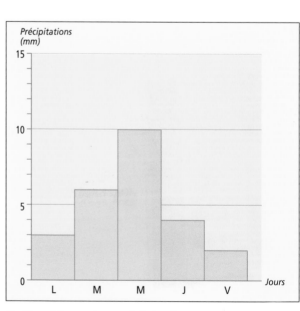

3. Graphique des précipitations du 17 au 21 octobre.

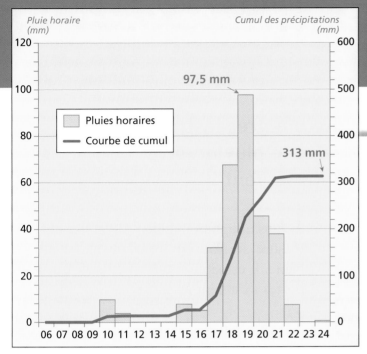

4. D'après le relevé Météo-France du 8 septembre de 6 h à minuit, à Châteauneuf-du-Pape (Vaucluse).

Les précipitations sont mesurées en milli-mètres (mm). Un mm d'eau correspond à un litre d'eau par m² de sol.

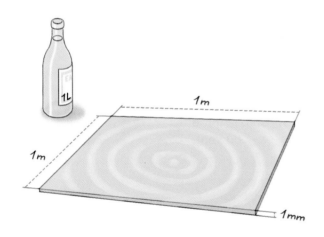

5. Inondations à Aramon (Gard) le 13 sept. 2002.

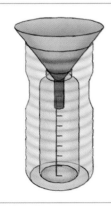

MATÉRIEL POUR FABRIQUER UN PLUVIOMÈTRE

* un entonnoir (ou un porte-filtre à café) d'un diamètre proche de 11,3 cm ;
* un biberon gradué en centilitres ;
* une bouteille en plastique dont le haut aura été coupé.

Pour lire la hauteur des précipitations, dans le biberon, sache que 10 mL (ou 1 cL) correspondent à 1 mm.

La station météo

Le météorologiste utilise d'autres instruments
que le thermomètre et le pluviomètre.
Lesquels et à quoi servent-ils ?

Dans une station météo, les instruments de mesure se trouvent dans un abri peint en blanc. Il est situé à 1,50 mètre du sol et ses portes s'ouvrent au nord.

Il existe plus de 8 000 stations météo dans le monde.

1. Une station météo.

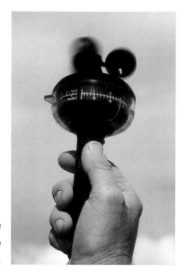

2. L'anémomètre mesure la force du vent.

3. La girouette indique la direction du vent.

4. Le cyclone Lenny sur la Guadeloupe, en novembre 1999, vu par satellite.

Dans l'espace, des satellites observent la Terre et repèrent les ouragans. Notre planète est surveillée !

5. L'héliographe mesure la durée de l'ensoleillement.

6. Le baromètre mesure la pression.

À quoi sert la météo ?

Pour beaucoup de métiers,
connaître le temps qu'il va faire est indispensable.
C'est même parfois une question de vie ou de mort.
À qui la météo est-elle utile ?

1. Je devrais traiter mon champ demain, mais s'il pleut je ne le ferai pas, car les produits chimiques seraient entraînés vers les rivières.

La météorologie essaye de prévoir le temps du lendemain et des jours suivants.

Grâce aux stations météo, aux radars, aux satellites, elle enregistre le temps qu'il fait, partout et à tout instant. À partir de ces observations, de très puissants ordinateurs établissent des prévisions.

Ces prévisions deviennent de plus en plus sûres. Elles permettent d'alerter les populations en cas de danger.

ACTIVITÉS

① Fais une liste d'autres métiers, qui ont absolument besoin de connaître les prévisions météorologiques.

② Dresse la liste de quelques situations pour lesquelles il est important de savoir le temps qu'il va faire.

2. La météo me renseigne sur le temps qu'il va faire sur les lieux de pêche. C'est très important pour ma sécurité.

3. La météo permet de prévoir les pics de pollution.

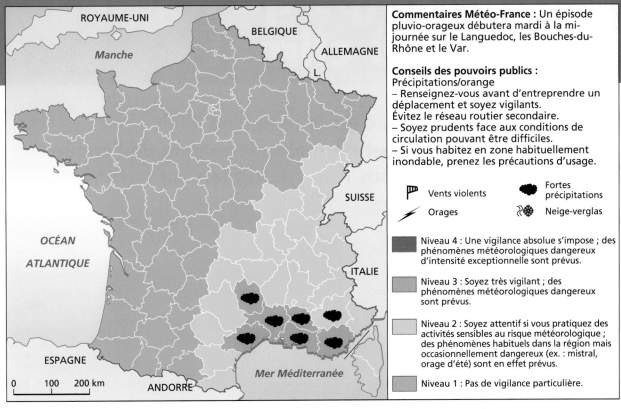

Commentaires Météo-France : Un épisode pluvio-orageux débutera mardi à la mi-journée sur le Languedoc, les Bouches-du-Rhône et le Var.

Conseils des pouvoirs publics :
Précipitations/orange
– Renseignez-vous avant d'entreprendre un déplacement et soyez vigilants.
Évitez le réseau routier secondaire.
– Soyez prudents face aux conditions de circulation pouvant être difficiles.
– Si vous habitez en zone habituellement inondable, prenez les précautions d'usage.

Vents violents
Orages
Fortes précipitations
Neige-verglas

Niveau 4 : Une vigilance absolue s'impose ; des phénomènes météorologiques dangereux d'intensité exceptionnelle sont prévus.

Niveau 3 : Soyez très vigilant ; des phénomènes météorologiques dangereux sont prévus.

Niveau 2 : Soyez attentif si vous pratiquez des activités sensibles au risque météorologique ; des phénomènes habituels dans la région mais occasionnellement dangereux (ex. : mistral, orage d'été) sont en effet prévus.

Niveau 1 : Pas de vigilance particulière.

4. Carte de vigilance météorologique de Météo-France (9 octobre 2001 à 5 h 58).

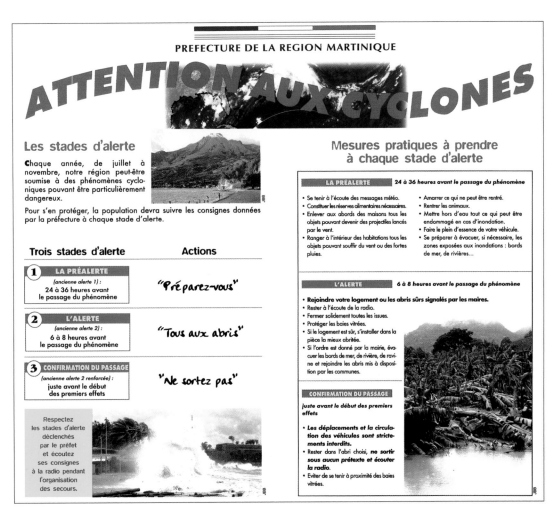

5. Affiche d'alerte cyclonique de la préfecture de la région Martinique.

Du temps qu'il fait au climat

Le climat, c'est le temps qu'il fait
dans son déroulement normal tout au long de l'année.
Quels sont les grands types de climats sur la Terre ?

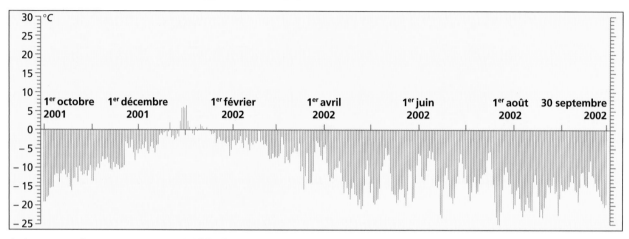

1. Les températures en terre Adélie (Antarctique).

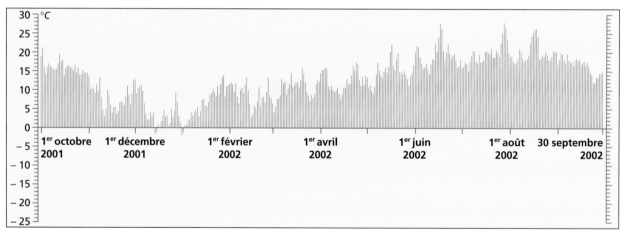

2. Les températures à Paris (France).

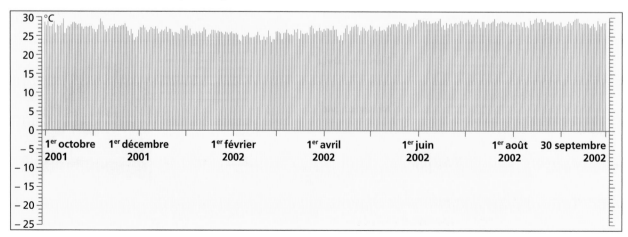

3. Les températures à Pointe-à-Pitre (Guadeloupe).

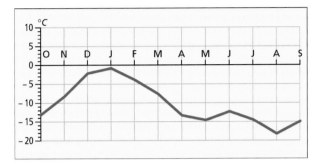

4. Les moyennes mensuelles en terre Adélie.

Ｅn terre Adélie (Antarctique), **toute l'année les températures sont basses.** Il fait toujours froid et la température la plus haute dépasse rarement 0 °C. **C'est un climat froid.**

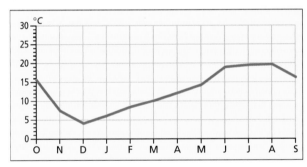

5. Les moyennes mensuelles à Paris.

À Paris (France), **pendant l'année, il y a une saison chaude** (l'été) **et une saison froide** (l'hiver). Le printemps et l'automne sont des saisons intermédiaires. **C'est un climat tempéré.**

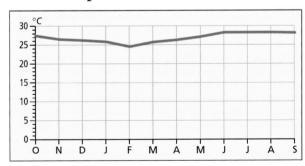

6. Les moyennes mensuelles à Pointe-à-Pitre.

À Pointe-à-Pitre (Guadeloupe), **toute l'année les températures sont élevées.** Il fait toujours chaud. **C'est un climat chaud.**

1 Sur les graphiques 1, 2 et 3, chaque barre correspond à la température du jour. Prends une règle. Fais coïncider le bord gauche de la règle avec le trait correspondant à 25 °C sur le graphique de Paris et le bord droit de la règle avec le trait repère correspondant. Pendant quels mois les températures sont-elles supérieures à 25 °C ? Pendant quels mois sont-elles inférieures à 5 °C ?

2 Sur le graphique concernant la terre Adélie, pendant combien de jours la température a-t-elle été supérieure à 0 °C ?

3 Sur le graphique 3 (Pointe-à-Pitre), quel est le nombre de jours où la température a été inférieure à 20 °C ?

4 Sur les graphiques 4, 5 et 6, on a effectué les moyennes des températures mois après mois, pendant plusieurs années. Quel est le mois le plus froid à Paris ? Quelle est la température moyenne de ce mois ?

5 Reproduis sur ton cahier et complète le tableau suivant :

	Terre Adélie	Paris	Pointe-à-Pitre
Mois le plus froid			
Température			
Mois le plus chaud			
Température			

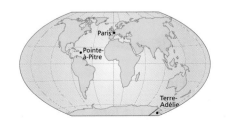

Les zones climatiques sur la Terre

La chaleur du Soleil est indispensable à la vie
sur notre planète.
Le Soleil chauffe-t-il la Terre partout de la même manière ?

Quand le Soleil est très haut dans le ciel, le réchauffement est important à la surface de la Terre.

Quand le Soleil est bas à l'horizon, la chaleur qui nous parvient est faible.

Près de l'équateur, l'échauffement est fort toute l'année, par exemple à Pointe-à-Pitre.

ACTIVITÉS

① En hiver, où fait-il le plus chaud ? le plus froid ? (doc. 1 et 2)

② En été, où fait-il le plus chaud ? le plus froid ? (doc. 1 et 2)

③ Reproduis le tableau de la page 37 dans ton cahier, puis inscris dans les colonnes hiver et été :
- TC quand il fait très chaud,
- C quand il fait moyennement chaud,
- F quand il fait moyennement froid,
- TF quand il fait très froid.

Complète ensuite les colonnes Printemps et Automne, ligne à ligne, en indiquant :
- ETC quand on passe du très chaud au chaud ou du chaud au très chaud,
- ETF quand on passe du très froid au froid ou du froid au très froid,
- M quand on passe du chaud au froid ou du froid au chaud.

Colorie en rouge la case avec un C, en bleu les cases avec un F.

Écris où il fait toujours froid, toujours chaud et là où il y a des saisons.

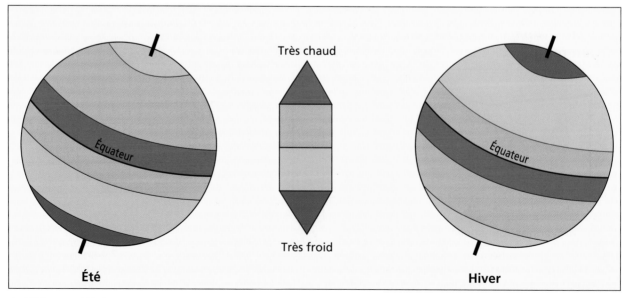

Été   Très chaud   Hiver
Équateur   Très froid   Équateur

1. L'hiver et l'été sur la Terre.

Près des pôles, l'échauffement est faible toute l'année, comme en terre Adélie.
Entre ces zones, il y a des saisons comme à Paris. L'échauffement est faible en hiver. Il est fort en été.

Sur la Terre, on trouve trois grandes zones climatiques : la zone tropicale, la zone polaire et la zone tempérée.

Chaque zone climatique a ses propres caractères. Ici, la chaleur qui règne toute l'année entraîne une abondante végétation. Là, le froid est trop intense pour permettre aux arbres de pousser. **Les milieux naturels sur la Terre varient selon les zones climatiques.**

LEXIQUE **zone polaire, zone tempérée, zone tropicale.**

		Hiver	Printemps	Été	Automne
Hémisphère Nord	Entre le pôle Nord et le cercle polaire arctique.				
	Entre le cercle polaire arctique et le tropique du Cancer.				
	Entre le tropique du Cancer et l'équateur.				
Hémisphère Sud	Entre l'équateur et le tropique du Capricorne.				
	Entre le tropique du Capricorne et le cercle polaire arctique.				
	Entre le cercle polaire arctique et le pôle Sud.				

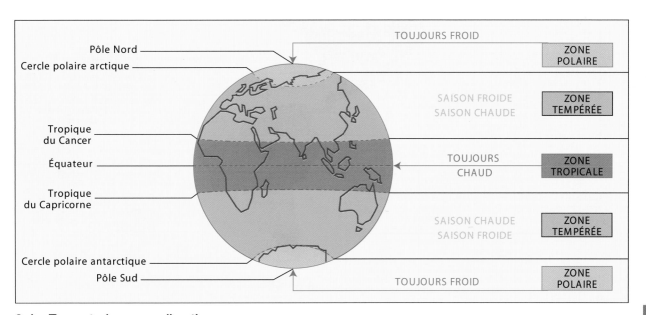

2. La Terre : trois zones climatiques.

La Terre : plus de mers que de terres !

La Terre est aussi appelée « la planète bleue ».
Ce surnom lui va bien car elle comporte
beaucoup plus d'océans que de continents.
Quels sont leurs noms et où sont-ils situés ?

Les continents ne forment qu'une toute petite partie de notre planète. L'eau des océans occupe trois fois plus de surface que toutes les terres.

Les continents sont l'Asie, l'Amérique, l'Afrique, l'Antarctique, l'Europe et l'Océanie.

Les océans sont l'océan Pacifique, l'océan Atlantique, l'océan Indien et l'océan Arctique.

ACTIVITÉS

❶ Quel est le plus vaste des océans ? (doc. 4)

❷ Quel est le continent le plus étendu ? (doc. 4)

❸ Quel est le nom de l'océan que l'on traverse pour aller d'Europe en Amérique ? (doc. 1)

❹ Dans quel hémisphère trouve-t-on le plus de terres ? (doc. 5)

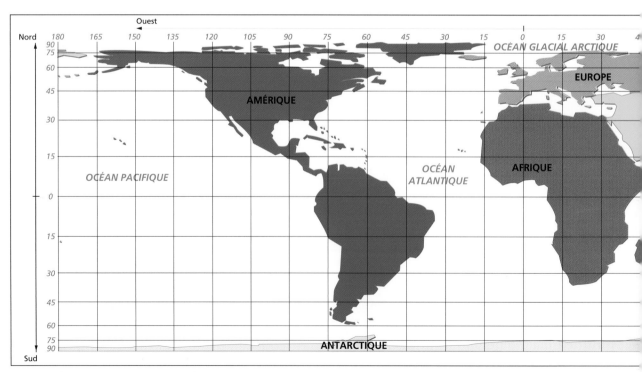

1. La Terre : plus d'océans que de continents.

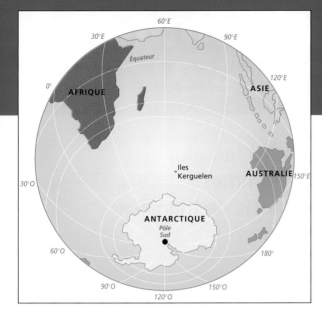

2. La Terre, vue à la verticale
des îles Kerguelen.

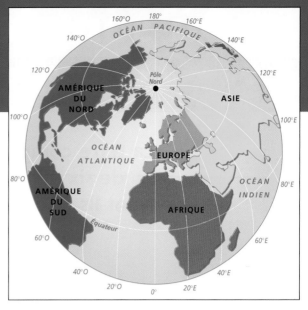

3. La Terre, vue à la verticale de l'Espagne.

⑤ Sur une carte du monde que tu colleras
sur ton cahier, indique le nom des six
continents et des quatre océans.
Attention à ne pas oublier d'écrire le
nom d'un continent et d'un océan qui
n'est pas toujours visible sur la carte.
(doc. 2 et 3)

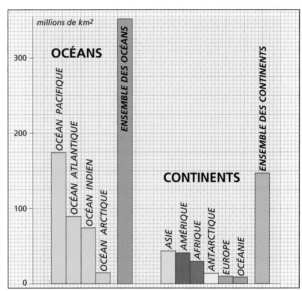

4. Schéma de répartition des océans
et des continents à la surface de la Terre.

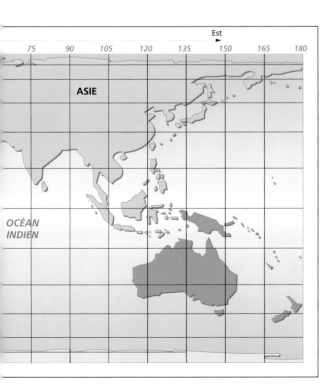

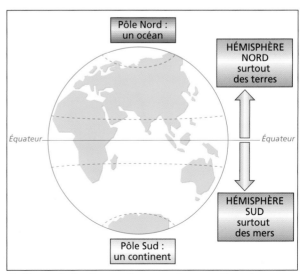

5. Superficie des océans et des continents.

Où sont les hommes sur la Terre ?

La terre compte aujourd'hui plus
de six milliards d'hommes.
Où vivent-ils ? Sont-ils répartis de manière
égale sur la Terre ?

ACTIVITÉS

① Recherche dans un atlas le nom de la région faiblement peuplée au nord de la Russie. Recherche le nom de la région au nord-ouest de l'Amérique du Nord.
À ton avis, pourquoi ces régions sont-elles faiblement peuplées ?

② Recherche dans un atlas le nom d'autres régions peu peuplées du monde.

❸ La France a une superficie d'environ 550 000 km², le Bangladesh d'environ 150 000 km². À ton tour de construire un graphique (voir document 2) pour ces deux pays, en t'aidant du document 3 pour le nombre d'habitants. Sur du papier quadrillé, un petit carreau équivaut à 25 000 km² et 5 millions d'habitants.
Dessine le graphique des États-Unis qui a une superficie de 9 625 000 km² sur une autre page. Quelles constatations peux-tu faire ?

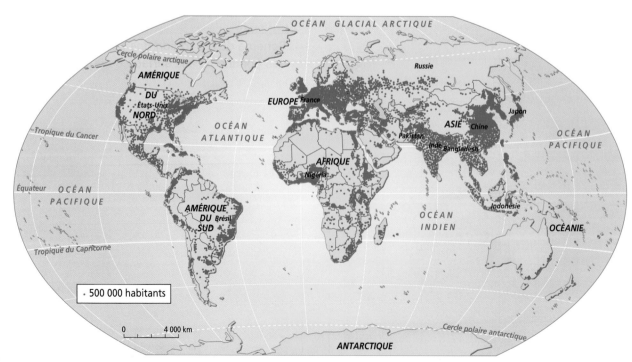

1. La population sur la Terre.

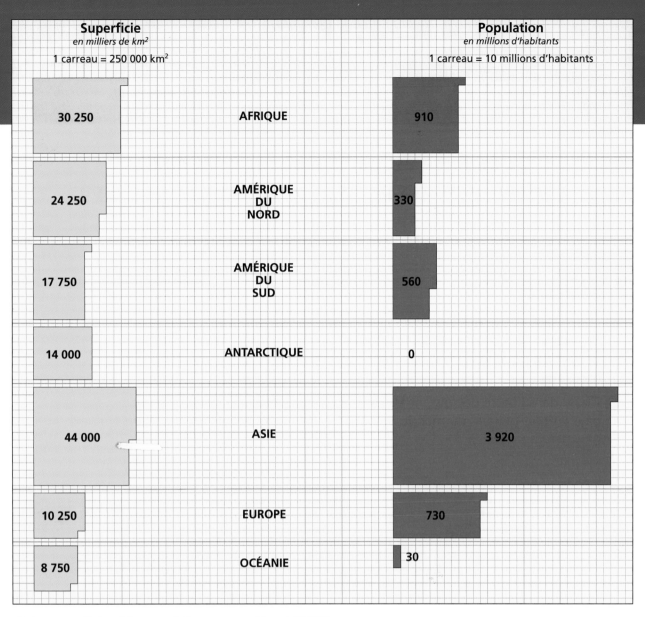

Superficie en milliers de km² 1 carreau = 250 000 km²		Population en millions d'habitants 1 carreau = 10 millions d'habitants
30 250	**AFRIQUE**	910
24 250	**AMÉRIQUE DU NORD**	330
17 750	**AMÉRIQUE DU SUD**	560
14 000	**ANTARCTIQUE**	0
44 000	**ASIE**	3 920
10 250	**EUROPE**	730
8 750	**OCÉANIE**	30

2. La superficie et la population par continent (2005).

Pays	Populations
Chine	1 315 000 000
Inde	1 105 000 000
États-Unis	295 000 000
Indonésie	222 000 000
Brésil	181 000 000
Pakistan	163 000 000
Bangladesh	144 000 000
Russie	143 000 000
Nigeria	141 000 000
Japon	128 000 000
France	60 000 000

3. Les dix pays les plus peuplés et la France, en 2005.

La répartition des hommes sur la Terre est très inégale.

Des régions sont presque vides comme l'Océanie ou le Sahara, ou même totalement vides comme l'Antarctique. D'autres régions et continents sont, eux, très peuplés.

Plus de la moitié des hommes vivent en Asie. L'Europe aussi est un continent très peuplé.

La planète dans tous ses États

La Terre est partagée entre des pays.
Certains sont très petits et on ne les voit même pas
sur la carte. D'autres sont immenses et puissants.
Quels sont ces grands pays ?

ACTIVITÉS

1. Classe dans l'ordre décroissant les cinq plus vastes pays du monde. Indique leur nom et dans quel continent ils se trouvent. (doc. 1 et 2)

2. Classe dans l'ordre décroissant les cinq pays les plus peuplés du monde. Indique leur nom et dans quel continent ils se trouvent. (doc. 1 et 2)

3. Choisis un des pays donnés dans le tableau et fais sa « carte d'identité » (capitale, langues parlées, drapeau, monnaie…).

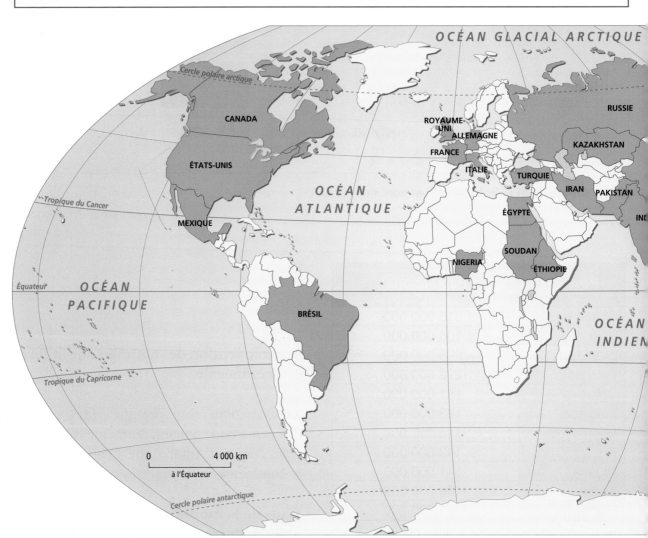

1. Les États du monde.

Pays	Population	Superficie (en km^2)
Allemagne	82 400 000	357 000
Australie	20 200 000	7 682 000
Bangladesh	144 200 000	148 000
Brésil	181 400 000	8 512 000
Canada	32 000 000	9 976 000
Chine	1 315 100 000	9 597 000
Égypte	74 900 000	998 000
États-Unis	295 400 000	9 363 000
Éthiopie	74 100 000	999 000
France	60 300 000	547 000
Inde	1 105 000 000	3 287 000
Indonésie	222 200 000	1 919 000
Iran	68 200 000	1 648 000

Pays	Population	Superficie (en km^2)
Italie	57 700 000	301 000
Japon	127 700 000	378 000
Kazakhstan	15 100 000	2 717 000
Mexique	108 400 000	1 958 000
Nigeria	141 300 000	924 000
Pakistan	163 000 000	796 000
Philippines	85 400 000	300 000
Royaume-Uni	59 800 000	244 000
Russie	143 200 000	17 075 000
Soudan	40 500 000	2 506 000
Thaïlande	64 300 000	513 000
Turquie	72 300 000	779 000
Viêt Nam	82 500 000	331 000

2. Les grands pays du monde en 2005.

Deux cents pays existent sur la Terre. Seul le continent Antarctique n'a pas été partagé. Chaque pays a sa capitale, sa fête nationale, son drapeau et son hymne national.

LEXIQUE **capitale.**

Certains pays sont de grandes puissances car :
– la population est très nombreuse ;
– la superficie est très grande ;
– l'économie est très forte ;
– la puissance militaire est très importante ;
– ils ont de nombreux savants ou de grands écrivains.

C'est le cas de pays comme les États-Unis, la Russie, le Japon, la Chine…

La France est une « puissance moyenne » ; c'est la plus petite des grandes puissances.

Riches et pauvres sur la Terre

Les richesses ne sont pas partagées de façon équitable sur la Terre. Où sont les riches ? Où sont les pauvres ?

Les populations des pays d'Europe, d'Amérique du Nord, du Japon et de l'Australie représentent un peu plus d'un milliard d'habitants.

Les hommes vivent, mangent à leur faim, et leurs enfants vont à l'école et ont des loisirs. Ils ont à leur disposition 80 % de toutes les richesses produites sur la Terre. **Ces pays riches étant presque tous situés dans l'hémisphère Nord on les appelle les « pays du Nord ».**

Le reste de la population de la planète (cinq milliards d'habitants environ) ne possède que 20 % des richesses. **Ce sont les « pays du Sud ».**

Les habitants manquent d'eau potable, ne peuvent pas toujours se faire soigner, et leurs enfants sont parfois obligés de travailler pour manger.

Mais il y a aussi des pauvres dans les pays riches et des riches dans les pays pauvres.

1. Des sans-abri à Lyon préparent leur repas.

2. Enfant triant des poubelles (Argentine).

LES FANTÔMES DE BUENOS AIRES

La nuit, ils hantent les rues, les mains plongées dans les poubelles, amassant cartons et cannettes coupantes.

À deux pas du luxueux hôtel Plaza, dans l'obscurité et le froid de l'hiver austral, Diego, 10 ans, lèche les restes d'un pot de yaourt.

À ses côtés, sa mère, Maria, plonge ses mains nues dans les grands sacs poubelles qui jonchent le sol. Lentement, en prenant soin de ne pas se blesser, elle cherche de quoi manger. Des croûtons de pain, des épluchures de légumes et des os avec encore un peu de viande pour faire une soupe.

Son mari et sa fille aînée ramassent des cartons et des piles de journaux jetés par terre.

Comme eux, tous les soirs, dès la nuit tombée, des milliers de mendiants affamés envahissent tous les quartiers de la capitale.

3. D'après Christine Legrand, *Le Monde*, 21 septembre 2002.

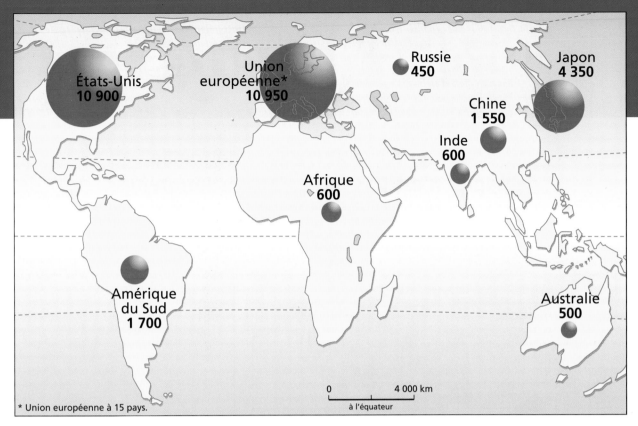

4. Les richesses dans le monde en 2004 (en milliards de dollars).

❶ Calcule la part du gâteau que se partagent les « pays riches » ? les « pays pauvres » ? Combien comptent-ils d'habitants ? (doc. 4)

❷ Cherche, page 43, quelle est la population de l'Amérique du Nord (États-Unis et Canada). Quelle part du gâteau détiennent-ils ? Quelle est la population de l'Inde et de la Chine. Quelle est leur part du gâteau ? (doc. 4 et 5)

❸ Résume ces informations dans un tableau avec deux colonnes (population et part du gâteau) et cinq lignes (Amérique du Nord, Chine, Inde, pays riches, pays pauvres).

❹ Pourquoi ces personnes se font-elles à manger dehors en plein hiver ? (doc. 1)

❺ Recherche dans l'atlas où se trouve Buenos Aires. Trouve dans le texte, un élément qui montre qu'il y a des « riches » à Buenos Aires. (doc. 3)

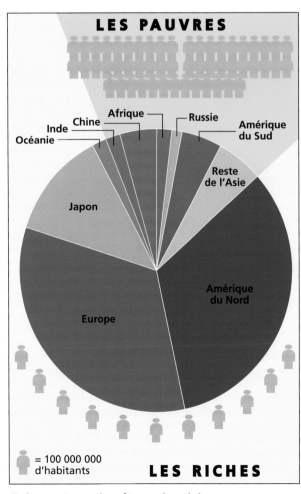

5. Le partage du gâteau des richesses.

Drôles de Terres !

Représenter la Terre sur une feuille
de papier n'est pas facile. Depuis longtemps,
les hommes ont essayé diverses méthodes.
Quels sont les résultats ?

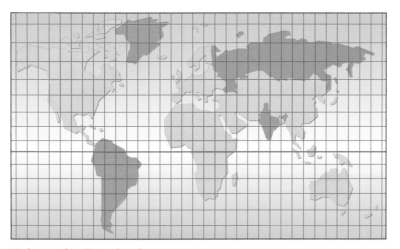

1. La projection classique.

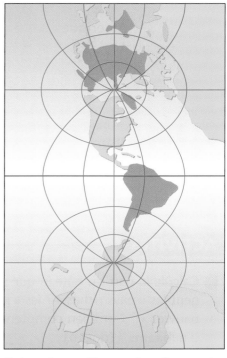

2. Les deux pôles sur la même carte.

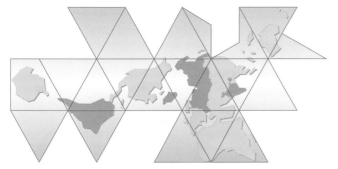

3. Où est le nord ? Le monde éclaté.

ACTIVITÉS

① Emballe une orange dans une feuille de papier. Dessine une tête puis déplie le papier et remets-le bien à plat. Quelles constatations peux-tu faire ?

❷ Mesure avec une règle, sur la carte 1, la distance entre l'équateur et les bords supérieurs et inférieurs de la carte. Les distances sont-elles égales ? Dans la réalité, les distances sont-elles égales entre l'équateur et le pôle Nord et le pôle Sud ? Sur quelle carte les distances sont-elles identiques ?

❸ Recherche dans un dictionnaire les superficies de l'Inde, de l'Amérique du Sud, du Groenland et de la Russie.
Sur la carte 1, l'Inde apparaît-elle plus grande ou plus petite que le Groenland ? Et dans la réalité ?
La Russie apparaît-elle plus grande ou plus petite que l'Amérique du Sud ? Et dans la réalité ?
En est-il de même sur la carte 9 ?
Sur d'autres cartes ?

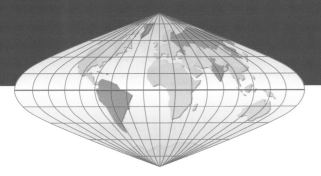

4. La terre en forme de diamant.

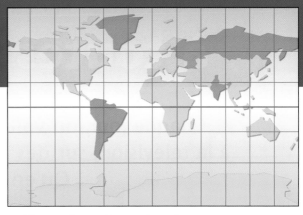

5. Un continent Antarctique immense.

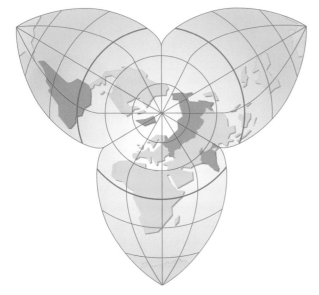

6. Un trèfle à trois feuilles.

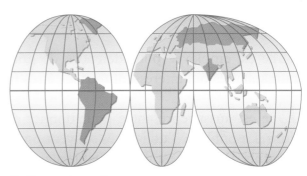

7. Une pelure d'orange.

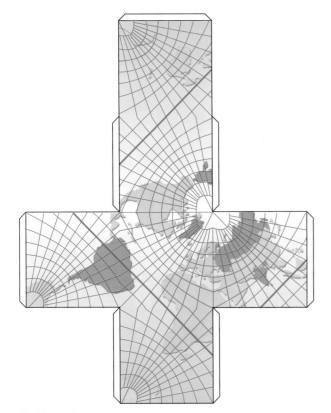

8. Un cube.

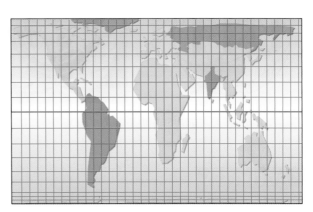

9. Les continents déformés.

Quelle que soit la méthode utilisée, **toutes les cartes représentant la Terre ont des déformations par rapport à la réalité, car il est impossible de « déplier » un globe.**

Sur certaines cartes, les continents ont de drôles de formes, sur d'autres on ne sait pas où sont les points cardinaux.

La terre
à toutes les sauces

Chaque jour, on voit des images de la Terre : à la télévision, sur des affiches, dans les journaux. Qu'en fait-t-on ?

La Terre est une source d'inspiration pour les artistes. Poètes et peintres l'ont représentée au gré de leur imagination.

Elle est employée pour défendre de grandes causes humanitaires qui intéressent tous les êtres humains.

Elle est aussi représentée pour donner des informations. La publicité l'utilise très souvent pour vendre des produits. La Terre est une véritable star !

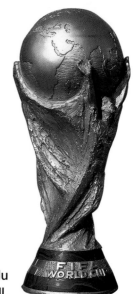

2. Coupe du monde de football.

1. Logos (de l'Organisation des Nations unies).

ACTIVITÉS

❶ Recherche ce qu'est l'UNESCO. (doc. 5)

❷ Parmi ces logos de l'organisation des Nations unies, deux concernent les transports et la santé. Sauras-tu les reconnaître ? (doc. 1 et 6)

❸ Décris la Terre vue par Granger. (doc. 8)

④ À toi maintenant de créer un logo ou une affiche en prenant la Terre comme sujet principal.

⑤ Avec tes camarades de classe, rassemble une collection de publicités trouvées dans les journaux mettant en scène la Terre.

3. Une caricature de Jules Verne au XIXe siècle.

4. Publicité.

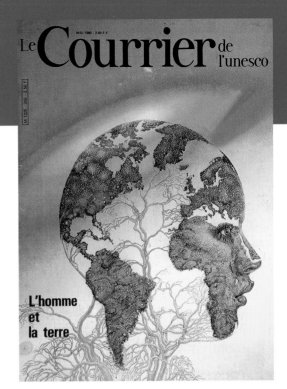

5. Couverture du *Courrier de l'Unesco*.

6. Logos (de l'Organisation des Nations unies).

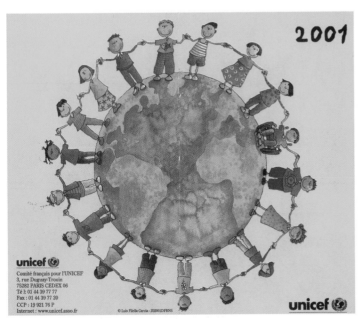

7. Une publicité pour l'Unicef.

8. Granger, illustrateur, transforme la Terre.

La part des hommes, la part de la nature

Quelle est la part de la nature dans un paysage ?
Quelle est celle des hommes ?

ACTIVITÉS

1. Recherche les parcs naturels nationaux et régionaux en France. Fais-en la liste. N'oublie pas les départements d'outre-mer.

2. Pourquoi et comment protège-t-on certains paysages ?

3. Quelle(s) trace(s) de l'homme observe-t-on sur chacune des deux photographies ?

Un paysage est un morceau d'espace terrestre que l'on découvre en regardant autour de soi.

Pour se nourrir, les hommes cultivent des champs. Pour fabriquer des objets, ils utilisent et transforment les produits du sous-sol. Pour se loger, ils construisent maisons, villages et villes. Pour se déplacer, ils aménagent chemins, routes et autres voies ferrées.

1. La chaîne des Puys en Auvergne (Puy-de-Dôme).

Toutes ces activités humaines modifient le milieu naturel et s'inscrivent dans le paysage.

Les paysages naturels sont aujourd'hui rares car les hommes, sans cesse plus nombreux, ont mis en valeur la plus grande partie de la planète. En France et en Europe, seules quelques régions de montagne et quelques zones littorales sont encore à l'état naturel.

LEXIQUE **paysage naturel.**

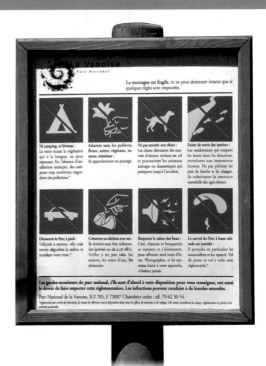

2. Cultures en terrasses dans la vallée de la Haute-Vésubie (Alpes-Maritimes).

L'œil du peintre, l'œil du photographe

Le paysage, on le découvre en regardant autour de soi. Mais tout le monde voit-il le paysage de la même manière ?

Un peintre est un artiste qui traduit ses impressions avec des formes, des lumières et des couleurs. Devant un paysage, il peint ses émotions, sa joie ou sa tristesse.

Tout le monde ne voit pas un paysage de la même façon. Cela dépend de son humeur ou du temps qu'il fait, s'il pleut ou s'il fait beau.

1. L'aiguille d'Étretat par Claude Monet, 1885 (format réel 21 × 37 cm). Musée Marmottan, Paris.

Nos réactions sont liées à nos préoccupations, à nos petits ou gros soucis. Le photographe, lui aussi, éprouve des émotions. Comme le peintre, il « enferme » un paysage dans un cadre, ne montrant que ce qu'il a envie de faire partager aux autres.

Au XVIIIe siècle, la montagne faisait peur et les paysages montagnards apparaissaient comme monstrueux. Au XIXe siècle, les paysages industriels envahis de fumées et de bruits étaient perçus comme magnifiques. Aujourd'hui, ce sont les îles désertes et les cocotiers des îles du Pacifique qui sont considérés, à travers la publicité, comme de « beaux paysages ».

DES MONTAGNES MAUDITES

Les premiers étrangers connus que la curiosité de voir les glaciers ait attirés à *Chamoni* regardaient sans doute cette vallée comme un repaire de brigands, car ils y allèrent armés jusqu'aux dents, accompagnés d'un nombre de domestiques qui étaient aussi armés [...]. Le petit peuple de notre ville et des environs donne au Mont-Blanc et aux montagnes couvertes de neige qui l'entourent le nom de *Montagnes maudites* ; et j'ai moi-même ouï-dire dans mon enfance à des paysans que ces neiges éternelles étaient l'effet d'une malédiction que les habitants de ces montagnes s'étaient attirée par leurs crimes.

Chamoni : Chamonix

2. *Voyage autour du Mont-Blanc*, Horace-Benedict de Saussure, 1774-1778.

Un paysage, c'est la rencontre entre la nature, ce que les hommes en ont fait et des émotions que l'on ressent. Nos émotions sont aussi l'image de l'époque à laquelle on vit, de ce qui est considéré comme beau ou laid.

ACTIVITÉS

1. De quel siècle date le texte de H.-B. de Saussure ? Que nous apprend-il sur la manière dont les gens se représentaient la montagne ? Est-ce la même chose aujourd'hui ? (doc. 2)

2. Recherche dans un dictionnaire à quelle époque vivaient Eugène Boudin, Gustave Courbet et Claude Monet.

3. Quelles couleurs sont présentes dans les quatre représentations des falaises d'Étretat ? (doc. 1, 3, 4 et 5) Écris tes réactions et celles de tes camarades.

3. L'aiguille d'Étretat par Eugène Boudin, 1890 (format réel 87,5 × 109,5 cm). Collection privée.

4. L'aiguille d'Étretat par Gustave Courbet, 1869 (format réel 76,2 × 123,1 cm). The Barber Institute of Fine Arts, University of Birmingham.

5. L'aiguille d'Étretat (Seine-Maritime) vue par un photographe.

De près, de loin, d'en haut :
Le Mont-Saint-Michel sous toutes les coutures

Étudier un paysage, c'est d'abord l'observer.
Mais on ne voit pas la même chose selon
l'endroit où l'on est placé.

Les cinq photographies représentent toutes le même espace.
Et pourtant, sur chacune d'elles, on voit des choses différentes.

De près, on observe la forme des toits et
la couleur des pierres utilisées.

De nuit, Le Mont-Saint-Michel apparaît
comme une « île de lumière ».

En oblique, le champ de vision est encore
plus vaste. Le Mont-Saint-Michel apparaît
vraiment comme une île.

De loin, on observe comment l'espace est
utilisé par les hommes.

ACTIVITÉS

1. Recherche dans un atlas dans quelle région est situé Le Mont-Saint-Michel.
2. Recherche de quand date l'église du Mont-Saint-Michel.
3. Pour chacune des photographies, indique un ou plusieurs éléments que l'on ne retrouve pas sur les autres documents.

4. De quel côté (de la mer ou de la terre) ont été prises les photographies 1 et 3 ?

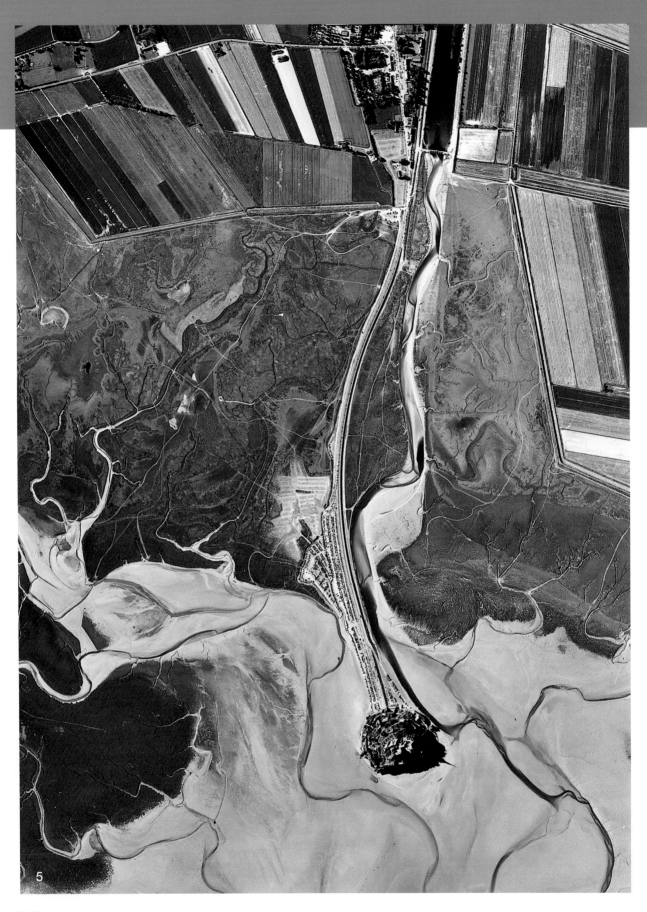

5

Vu d'avion, Le Mont-Saint-Michel nous apparaît entouré par l'eau et le sable.
Si l'on se place verticalement au-dessus du Mont-Saint-Michel, on découvre des éléments cachés : les canaux où les eaux s'écoulent, les routes, les digues, la forme et la taille des champs.
Les couleurs ne sont pas les mêmes.

Lire un paysage

On lit un paysage comme on lit une phrase :
il comporte du vocabulaire et de la grammaire.
Comment s'y prend-on ?

Un texte est composé de différents paragraphes séparés par des blancs. Un paysage, lui, comporte différents plans.

1. La vallée de Pralognan-la-Vanoise (Savoie).

Chaque plan est délimité par des lignes de force : crêtes, alignement d'arbres…

Le premier plan est celui qui est le plus proche de nous. On y observe de nombreux détails mais sur quelques mètres seulement.

Le deuxième plan se trouve plus loin, les détails ne sont presque plus visibles.

Plus loin encore, l'arrière-plan se termine par la ligne d'horizon qui sépare la terre du ciel. Plus aucun détail ne peut être vu, seuls les éléments importants peuvent être lus. Mais le champ de vision peut porter jusqu'à des dizaines de kilomètres.

Entre les plans, tout l'espace n'est pas visible : il y a des zones d'ombre.

ACTIVITÉS

1 Compare les documents 1 et 2. Les lignes de force du paysage ne correspondent-elles qu'à des éléments du relief ?

2 Les lignes de force seraient-elles les mêmes en hiver ? (doc. 2)

3 Indique dans quel plan se trouve chacun de ces éléments : (doc. 2 et 3)
– champs cultivés ;
– forêt de conifères ;
– village ;
– routes ;
– cône d'éboulis ;
– neiges éternelles.

4 Indique ce que tu vois dans les différents plans pour les photographies pages 22, 50, 51, 86, 131 et 164.

2. Les lignes de force.

3. Les différents plans.

Le paysage a de la mémoire

Des générations d'hommes nous ont précédés. Certaines ont laissé des traces dans les paysages d'aujourd'hui. Y a-t-il des exemples de cette mémoire enfouie dans les paysages ?

1. De la fleur préhistorique à l'autoroute d'aujourd'hui.

① Effectue des recherches sur le lieu où tu habites. Comment s'appelle-t-il ? D'où vient son nom ? Y a-t-il des monuments ou aménagements anciens qui existent encore ? Lesquels ?

② Raconte la bande dessinée par écrit en situant chaque dessin dans le temps. Invente une suite. (doc. 1)

③ Repère le cèdre et le château d'eau sur la photographie et sur la carte. (doc. 3 et 4)

④ Écris le nom de quelques lieux-dits te permettant de savoir qu'il s'agit de noms très anciens.

2. Planche botanique du cèdre, gravure du XVIIIe siècle.

3. Un des cèdres du Liban à Roissy-en-France (Val d'Oise).

4. Carte au 1 : 25 000.

Le nom des lieux, la localisation des villages ou des villes, la forme des champs remontent parfois à un lointain passé.

Certaines routes actuelles reprennent le tracé des anciennes voies romaines d'il y a 2 000 ans. À Roissy-en-France, près de l'aéroport, l'autoroute et la voie ferrée ont dû, comme dans la bande dessinée, éviter les plus vieux cèdres rapportés du Liban et plantés par le botaniste Linné au XVIIIe siècle.

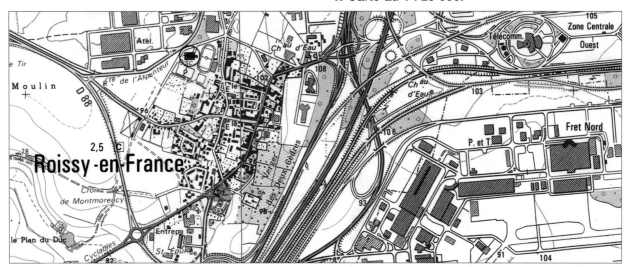

L'Europe, un continent comme un autre ?

L'Europe n'est ni le plus grand, ni le plus peuplé
des continents. Pourtant, l'histoire des hommes
s'est confondue pendant des siècles
avec l'histoire de l'Europe.
Est-ce uniquement lié à sa position géographique ?

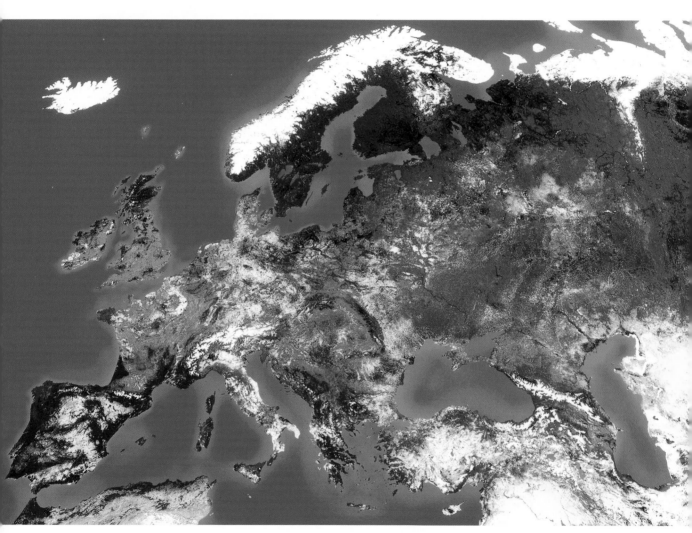

1. L'Europe.

Le continent européen est soudé à l'Asie et ne forme qu'une toute petite partie du continent « eurasiatique ». Plus petite en taille que l'Afrique ou que l'Amérique, la population de l'Europe est comparable à celle de ces deux grands continents.

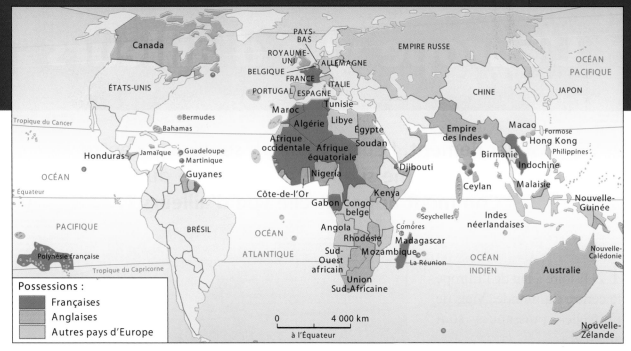

2. Les colonies européennes en 1914.

À partir du XVIe siècle, l'Europe a progressivement dominé le monde, souvent par la force. Des centaines de millions d'Européens ont peuplé les Amériques, l'Océanie et une partie de l'Afrique.

Au XIXe siècle, l'Europe a été le berceau de la révolution industrielle.

Au XXe siècle, elle a été le théâtre de deux guerres, parmi les plus terribles qu'a connues le monde.

Plus que la géographie, c'est l'histoire qui fait que l'Europe n'est pas un continent comme les autres.

ACTIVITÉS

① Quels sont les événements marquants du XXe siècle qui se sont déroulés en Europe et qui ont concerné le monde entier ?

② Quel texte de la Révolution française de 1789 a encore un retentissement aujourd'hui ?

③ Quels sont les continents qui ont été colonisés ou peuplés par des Européens ?

④ Rédige un petit texte expliquant pourquoi l'Europe a été décrite comme étant, avant la guerre de 1914, « le centre et le phare du monde ».

	Superficie (en millions de km²)	Population (en millions d'habitants)
Afrique	30	910
Amérique du Nord	24	330
Amérique du Sud	18	560
Asie et Russie d'Asie	44	3 940
Europe et Russie d'Europe	10	710
Océanie	9	30
Monde habité	**135**	**6 480**

3. Superficie et population des continents en 2005.

Généralement, l'Europe est présentée au centre des cartes, comme si elle était le centre du monde. Comment apparaît-elle vue d'ailleurs ?

L'Histoire a fait de l'Europe le centre du monde. Mais de nouvelles puissances sont apparues.

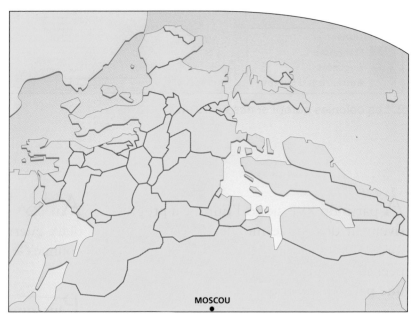

1. Vue de Moscou, l'Europe apparaît comme le Finisterre de l'Asie.

ACTIVITÉS

1. Prends un globe et observe l'Europe en mettant tes yeux au ras du pôle Nord. Comment vois-tu l'Europe ? Et en plaçant tes yeux au niveau des États-Unis ?

2. Pour se rendre d'Afrique du Nord en Europe quels sont les trois plus courts chemins ? Recherche comment s'est effectuée la libération de l'Italie à la fin de la Seconde Guerre mondiale.

3. Quel est le chemin le plus court, sur terre, pour aller de la mer Méditerranée à l'océan Atlantique ou la mer du Nord, sans passer par le détroit de Gibraltar ?

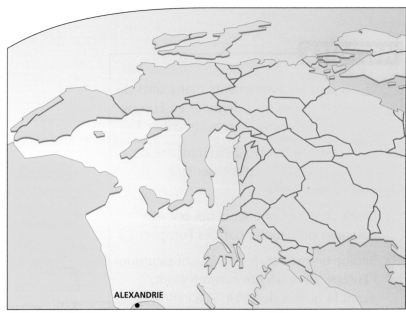

2. Vue d'Afrique du Nord, l'Europe apparaît très proche.

3. La mappemonde des écoliers japonais.

Pour les écoliers américains, l'Europe est lointaine et coupée de l'Asie. Pour les écoliers japonais, c'est l'océan Pacifique qui est le centre du monde. L'Europe, dans ce cas encore, est à l'extrémité de la carte.

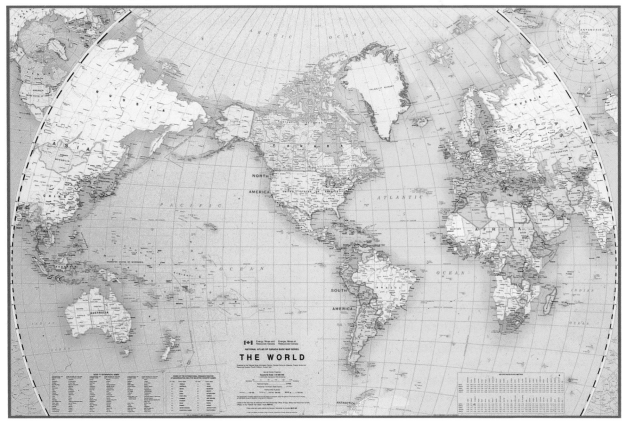

4. La mappemonde des écoliers américains.

Où commence et où finit l'Europe ?

C'est une drôle de question car la réponse devrait être évidente. Pourtant, selon les critères choisis, l'Europe n'a pas les mêmes limites. Quand on parle de l'Europe, de quoi parle-t-on ?

Par rapport à l'Amérique, l'Antarctique, l'Afrique ou l'Océanie, le continent européen n'est pas complètement entouré par des mers ou des océans. Il est soudé au continent asiatique.

C'est la façade atlantique qui marque le **début de l'Europe**, mais quelques îles montent la garde encore plus à l'ouest comme l'Islande et les Açores. Pourtant, trois cents kilomètres seulement séparent l'Islande du Groenland qui, lui, fait partie du continent américain. **Au sud, c'est la mer Méditerranée**, prolongée par la mer Noire, **qui sépare l'Europe de l'Afrique.** Mais un pays, la Turquie, s'étend sur deux continents. Les îles grecques de la Méditerranée font partie de l'Europe alors que les îles turques n'en font pas partie.

1. La carte du monde en 1175.

Albanie, Arménie, Azerbaïdjan, Biélorussie, France, Géorgie, Grèce, Islande, Israël, Italie, Kazakhstan, Russie, Suisse, Turquie…

2. Quelques-uns des 52 pays faisant partie de l'UEFA (Union européenne de football amateur) pour les différentes coupes d'Europe de football.

ACTIVITÉS

❶ Comment les Européens voyaient-ils le monde au XIIe siècle ? Quelle part représentait l'Europe ? (doc. 1)

❷ Les limites de l'Europe sont-elles les mêmes en 1910 et en 1931 ? Où commence l'Asie en 1910 ? Et en 1931 ? Pour quelle carte est-ce le relief qui délimite l'Europe ? Pour quelle carte est-ce la politique qui délimite l'Europe ? (doc. 4 et 5)

❸ L'Europe du football accueille-t-elle des pays non européens ? Dresses-en la liste en argumentant. (doc. 2)

④ Fais une recherche documentaire pour repérer les arguments « pour » et « contre » l'entrée de la Turquie dans l'Union européenne. La Turquie fait-elle partie de l'Europe ?

3. Les limites de l'Europe ?

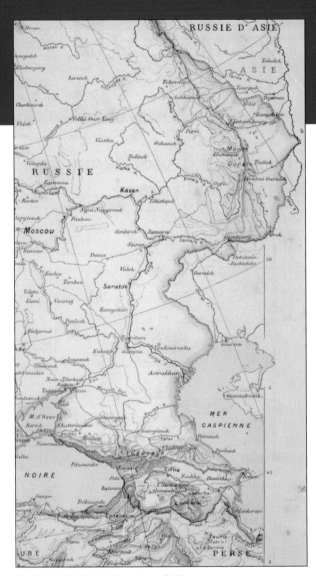

4. Extrait d'un atlas de 1910.

5. Extrait d'un atlas de 1931.

À l'est, les choses se compliquent encore plus. Pour différencier l'Europe de l'Asie, on peut faire appel au relief. **Les montagnes de l'Oural, suivies du fleuve du même nom, forment une barrière naturelle.** On distingue alors une « Russie d'Europe » et une « Russie d'Asie ».

Plus au sud, le Caucase, avec ses sommets qui culminent à plus de 6 000 m, forme aussi une limite commode. Mais des peuples, parlant les mêmes langues, vivent de part et d'autre de ces limites. Est-on européen parce que l'on vit sur le versant nord du Caucase et asiatique parce que l'on se trouve sur le versant sud ?

Si la géographie fixe quelques limites naturelles, ces limites sont souples. C'est l'Histoire, la culture et la politique qui font que, selon les époques, il n'y a pas la même Europe.

« OÙ EST L'EUROPE, OÙ EST L'ASIE ?

Nul ne sait où se trouve la limite entre l'Europe et l'Asie : elle oscille sur 2 000 km, et même 8 000 km si l'on décide que toute la Russie est en Europe... jusqu'au Pacifique. L'Elbrouz est le plus haut sommet de l'Europe, sauf si la Russie est... en Asie. Il est rare que cela soit dit, car cela détrônerait le mont Blanc ! [...] Aucun géographe ne saurait dire les "vraies" limites de l'Europe, qui sont affaire de sentiment. »

6. *Géographie universelle*, éditions Belin, 1996.

L'Europe : une histoire mouvementée

En moins de deux cents ans, l'Histoire a profondément modifié la géographie des pays de l'Europe. Quelles sont les principales étapes ?

1. L'Europe en 1815.

En 1815, trois empires se partagent l'est de l'Europe. L'Allemagne et l'Italie ne sont pas encore des pays unifiés.

2. Les grands d'Europe se partagent l'Empire de Napoléon (caricature, 1815, musée Carnavalet, Paris).

3. L'Europe en 1885.

En 1885, de nouveaux pays sont apparus au détriment de l'empire ottoman et de l'empire d'Autriche-Hongrie. L'Italie et l'Allemagne forment désormais des pays. La France s'est agrandie de la Savoie mais a perdu l'Alsace et la Lorraine.

ACTIVITÉS

❶ Que représentent ces deux dates : 1815 et 1914 pour l'histoire de la France et de l'Europe ?

❷ Quel événement important s'est produit entre ces deux dates concernant la France et la Prusse ?

❸ Quels pays ou royaumes disparaissent et apparaissent entre 1815 et 1885 (doc. 1 et 2) ? Entre 1885 et 1914 (doc. 2 et 3) ?

❹ Quels pays n'ont connu aucune modification ? (doc. 1 à 3)

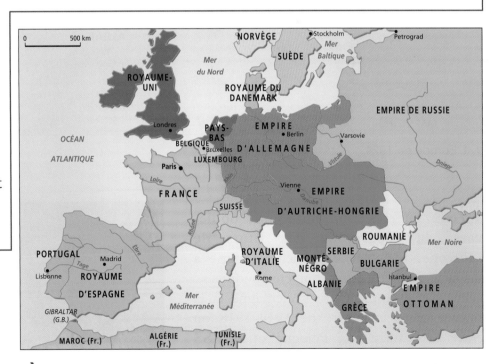

4. L'Europe en 1914.

$\grave{A}$ la veille de la guerre de 1914-1918, la carte de l'Europe s'est encore modifiée : de nouveaux petits pays sont apparus dans les Balkans à la place de l'Empire ottoman.

L'Europe : une géographie tourmentée par deux guerres

L'Europe de tes arrière-grands-parents, de tes grands-parents et de tes parents n'était pas la même que celle d'aujourd'hui. Comment était-elle ?

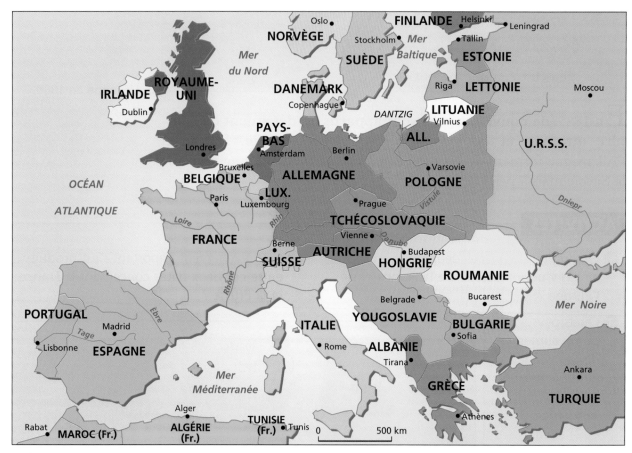

1. L'Europe en 1924.

Deux guerres mondiales ont bouleversé la géographie des États de l'Europe. L'empire d'Autriche-Hongrie a disparu. Des frontières ont été modifiées : celles par exemple entre l'Allemagne et la France après la guerre de 1914-1918 ou entre l'Allemagne, la Pologne et l'URSS après la guerre de 1939-1945.

2. Le mur séparant Berlin-Ouest et Berlin-Est.

3. L'Europe en 1965.

ACTIVITÉS

1 Que devient l'Empire russe après la Première Guerre mondiale ? (doc. 1)

2 Quels pays ou royaumes disparaissent et apparaissent entre 1914 et 1924 ? Entre 1924 et 1965 ? (texte, doc. 1 et 3)

3 Qu'arrive-t-il à l'Allemagne après 1945 ? (doc. 3)

LEXIQUE **RDA, RFA, rideau de fer, URSS.**

4. La chute du mur de Berlin en 1989.

Après la Seconde Guerre mondiale, pendant quarante ans, l'Europe a été le théâtre du conflit entre les États-Unis et l'URSS. Un « rideau de fer » imperméable séparait l'Europe de l'Ouest de l'Europe de l'Est, empêchant les hommes de circuler entre ces deux Europe divisées.

1989 a été une année importante pour l'Europe : le mur de Berlin est tombé et, peu de temps après, l'Allemagne était réunifiée. **Une ère nouvelle, qui se poursuit aujourd'hui, commençait pour l'Europe.**

La construction européenne

Des pays européens se sont regroupés
pour former l'Union européenne.
Comment s'est effectuée
cette unification progressive de l'Europe ?

1. 1957

2. 1973

3. 1981

4. 1986

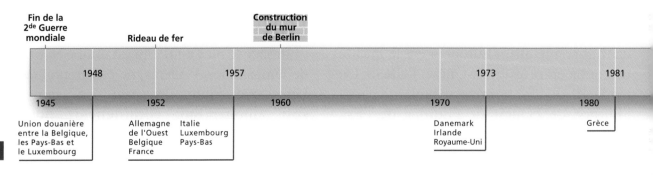

5. 1990

6. 1995

LE DÉBUT DE LA CONSTRUCTION EUROPÉENNE

« L'Europe n'a pas été faite et nous l'avons eu la guerre. L'Europe ne se fera pas d'un coup, elle se fera par des réalisations concrètes créant une solidarité de fait. Le rassemblement des nations européennes exige que l'opposition entre la France et l'Allemagne soit éliminée. Le gouvernement français propose de placer sous une Haute Autorité commune l'ensemble de la production de charbon et d'acier de la France et de l'Allemagne. Cette mise en commun changera le destin de ces régions longtemps vouées à la fabrication des armes de guerre dont elles ont été les plus constantes victimes. »

7. D'après le discours de Robert Schuman (écrit avec Jean Monnet) le 9 mai 1950.

Dès 1945, certains pays d'Europe ont décidé de s'unir pour reconstruire un continent dévasté par la guerre. Ce fut le cas de la Belgique, des Pays-Bas et du Luxembourg.

En 1957, par le traité de Rome, six pays de l'Europe de l'Ouest décident de se regrouper et de mettre en place un marché commun pour faciliter les échanges et la circulation des marchandises. **C'est la naissance de la Communauté économique européenne.**

Neuf autres pays d'Europe ont progressivement rejoint la CEE.

ACTIVITÉS

❶ Cherche qui étaient Robert Schuman et Jean Monnet. De quelle guerre parlent-ils ? (doc. 7)

❷ Quels pays sont entrés dans la CEE en 1973 ? Dans quelle partie de l'Europe ces pays sont-ils situés ? (doc. 1 et 2)

❸ Quels pays sont entrés dans la CEE en 1981 et 1986 ? Dans quelle partie de l'Europe ces pays sont-ils situés ? (doc. 2, 3 et 4)

❹ Qu'arrive-t-il à la Tchécoslovaquie, à la Yougoslavie et à l'URSS après 1990 ? (doc. 5 et 6)

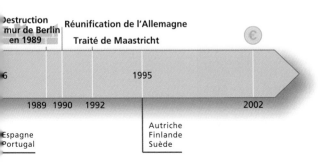

En 1992, le traité de Maastricht (Pays-Bas) est signé. La Communauté économique européenne devient l'Union européenne : les États membres de l'UE créent un espace sans frontières, avec une monnaie commune – l'euro – à partir du 1er janvier 2002. Un demi-siècle après la guerre qui a déchiré l'Europe, **c'est une nouvelle étape vers une Europe unie.**

L'Europe d'aujourd'hui et de demain

En 2004, dix nouveaux pays ont rejoint l'Union européenne.
Quelles en sont les conséquences pour l'Europe ?

Avec la fin de l'affrontement entre les États-Unis et l'URSS, les pays du « bloc de l'Est » se sont démocratisés et ont connu de grandes transformations.

Dix nouveaux pays ont rejoint l'Union européenne. L'Europe des quinze est devenue l'Europe des vingt-cinq. Plusieurs autres pays de l'Europe de l'Est comme la Roumanie et la Bulgarie intégreront l'Union européenne en 2007 ou 2010.

Cette nouvelle Europe est plus grande, plus peuplée et plus riche qu'auparavant.

ACTIVITÉS

❶ Quel est le pays en train d'être colorié sur le dessin ? Quels sont les deux pays qui ont déjà été coloriés ? (doc. 1)

❷ Quels sont les trois pays d'Europe du Nord et de l'Ouest ne faisant toujours pas partie de l'Union européenne ? (doc. 3)

❸ En utilisant le signe mathématique « < », indique pour la population et les richesses qui est « plus grand que qui » en suivant l'exemple pour la superficie : Europe des 15 < Europe des 25 < États-Unis. (doc. 2)

④ 25 pays = 25 cartes d'identité. Choisir un pays par élève et remplir la carte d'identité en décidant auparavant ce qu'elle contiendra (drapeau, capitale, langue, superficie, population…).

1. L'élargissement de l'Europe vu par un journal anglais.

	Superficie (en km^2)	Population	Richesses (en dollars)
États-Unis	9 907 000	294 000 000	10 882 000 000 000
Europe des 15	3 338 000	383 000 000	10 483 000 000 000
Europe des 25	4 077 000	458 000 000	10 966 000 000 000

2. Tableau comparatif Europe des 15, Europe des 25, États-Unis en termes de superficie, population et richesses. Situation en 2004.

Union européenne
à 15

Adhésion en 2004

Adhésion prévue
en 2007

Autres pays
candidats

■ Capitale d'État

0   500 km

Mer de Barents

GUYANE

Mer Blanche

GUADELOUPE

MARTINIQUE

LA RÉUNION

MADÈRE

AÇORES

CANARIES

Reykjavik ISLANDE

Mer de Norvège

NORVÈGE

SUÈDE

FINLANDE

Helsinki ■

Oslo ■

Stockholm ■

Tallin ■
ESTONIE

RUSSIE

Mer Baltique

Riga ■
LETTONIE

LITUANIE

Vilnius ■

Moscou ■

RUSSIE

Minsk ■

Mer du Nord

ROYAUME-
UNI

Dublin ■

IRLANDE

DANEMARK

Copenhague ■

POLOGNE

Varsovie ■

BIÉLORUSSIE

Londres ■

PAYS-
BAS

Amsterdam ■

Berlin ■

Bruxelles ■

BELGIQUE

LUX.

ALLEMAGNE

Prague ■
RÉPUBLIQUE
TCHÈQUE

SLOVAQUIE

Bratislava ■

Kiev ■

UKRAINE

OCÉAN ATLANTIQUE

Paris ■

Luxembourg

Berne ■

SUISSE

L.
Vaduz

Vienne ■

AUTRICHE

Budapest ■

HONGRIE

MOLDAVIE

Chisinau ■

FRANCE

SLOVÉNIE

Ljubljana ■

Zagreb ■

ROUMANIE

Bucarest ■

MONACO

SAINT-
MARIN

CROATIE

BOSNIE-
HERZÉGOVINE

Sarajevo ■

Belgrade ■

RÉPUBLIQUE
DE SERBIE
MONTÉNÉGRO

Sofia ■

BULGARIE

Mer Noire

PORTUGAL

Madrid ■

Lisbonne ■

ESPAGNE

Rome ■

ITALIE

Tirana ■

ALBANIE

Skopje ■
MACÉDOINE

GRÈCE

Ankara ■

TURQUIE

Alger ■

Mer Méditerranée

Athènes ■

Mer Ionienne

Rabat ■

MAROC

ALGÉRIE

Tunis ■

TUNISIE

MALTE

La Valette ■

Nicosie ■

CHYPRE

3. L'Union européenne en 2010 ?

L'Union européenne mode d'emploi

**Il a fallu un demi-siècle pour construire l'Union européenne.
À quoi sert-elle et comment fonctionne-t-elle ?**

En 2002, douze pays de l'Union européenne ont adopté une monnaie commune : l'euro. Le même billet ou la même pièce peut être utilisé à Paris, Berlin ou Athènes. L'Union européenne est une union monétaire.

Les hommes et les marchandises peuvent circuler librement à l'intérieur de l'Union sans avoir besoin de s'arrêter aux différentes frontières.

Chaque année, les pays versent de l'argent à l'Union européenne. Cet argent est ensuite utilisé pour payer des projets routiers, ferroviaires, pour aider les agriculteurs ou pour financer des échanges culturels entre les jeunes de tous les pays. L'Union européenne intervient afin de réduire les inégalités entre les pays et les régions.

Le Parlement européen siège à Strasbourg. Les députés sont élus pour cinq ans au suffrage universel par les citoyens des pays de l'Union.

Le Conseil européen se réunit à Bruxelles. Il est composé de représentants de tous les pays de l'Union. C'est lui qui prend les décisions les plus importantes.

La Cour européenne de justice se trouve au Luxembourg. C'est elle qui règle les conflits entre les pays.

1. Une des capitales de l'Union européenne : Luxembourg.

2. Projet espagnol financé par l'Union européenne.

9 mai Journée de l'Europe
UNION EUROPÉENNE

9 mai Journée de l'Europe
UNION EUROPÉENNE

9 MAI 1950-2000

50 ANS DE SOLIDARITÉ, DE PROSPÉRITÉ ET DE PAIX

9 MAI: LA JOURNÉE DE L'EUROPE
UNIR L'EUROPE DANS LA PAIX ET LA DÉMOCRATIE

CONSTRUISONS
L'EUROPE
ENSEMBLE

3. Article lu sur le site www.europa.eu.int.

LES SYMBOLES DE L'EUROPE

En 1986, le Conseil européen a adopté le drapeau qui est devenu l'emblème de l'Union européenne : sur un fond bleu ciel, douze étoiles dorées forment un cercle représentant l'union des peuples. Le chiffre douze symbolise la perfection.

C'est le mouvement final de la *9e Symphonie* de Beethoven qui est l'hymne européen (*Ode à la joie*). Herbert von Karajan, l'un des plus grands chefs d'orchestre du XXe siècle, a créé trois arrangements instrumentaux pour piano, instruments à vent et orchestre symphonique.

Le 9 mai est la « Journée de l'Europe ». La Journée de l'Europe est l'occasion d'activités et de fêtes qui rapprochent l'Europe de ses citoyens et ses peuples entre eux.

9 MAI 2002
LA JOURNÉE DE L'EUROPE

L'EURO: L'UNION EUROPÉENNE DANS VOS MAINS

ACTIVITÉS

❶ En lisant la leçon page 70, explique pourquoi c'est le 9 mai qui a été choisi pour être la Journée de l'Europe.

❷ Décris ce qui est représenté sur les affiches fêtant la Journée de l'Europe. (doc. 3)

❸ Même sans connaître l'espagnol, essaie de deviner quel est le projet aidé par l'Europe. (doc. 2)

④ Dans quels pays sont situées les « capitales » de l'Europe ?

Bruxelles, Strasbourg et Luxembourg sont les trois « capitales » de l'Union européenne.

Le 29 octobre 2004, les vingt-cinq chefs d'États de l'Union européenne ont signé un traité établissant une constitution pour l'Europe. C'est aux peuples d'Europe de décider maintenant si cette union politique sera une réalité en 2007.

BRUXELLES

La Commission européenne devrait proposer, mercredi 13 novembre, d'accorder entre 700 et 800 millions d'euros au total à quatre pays touchés cet été par des inondations (Allemagne, Autriche, République tchèque, France), au titre du nouveau Fonds de solidarité « catastrophes » de l'Union européenne.

4. *Le Monde*, 14 novembre 2002.

L'Europe du soleil ou l'Europe des brumes ?

Situé presque entièrement dans la zone tempérée, le continent européen connaît pourtant des climats variés. Quels sont-ils et où les retrouve-t-on ?

	Température moyenne annuelle	Précipitations annuelles (en mm)	Amplitude thermique (en degrés)	Sécheresse en été	CLIMATS
Cap Nord					
Mourmansk					POLAIRE
Akureyri					
Berlin					
Moscou					
Oslo					CONTINENTAL
Prague					
Stockholm					
Londres					
Amsterdam					
Budapest					
Lyon					OCÉANIQUE DÉGRADÉ
Paris					
Strasbourg					
Vienne					
Brest					
Dublin					OCÉANIQUE
La Corogne					
Athènes					
Cordoue					
Marseille					MÉDITERRANÉEN
Palerme					
Rome					

mm d'eau par an	Amplitude thermique	Température moyenne	Sécheresse en été
moins de 900 mm	moins de 13 °C	moins de 6 °C	non
	de 13 °C à 19 °C	moins de 12 °C	
plus de 900 mm	plus de 19 °C	plus de 12 °C	oui

1. Les caractères des climats en Europe.

En Europe, on trouve cinq climats.

Tout à fait au nord, près de l'océan Glacial Arctique, il fait très froid en hiver et frais durant un bref été. **C'est le climat polaire.**

À l'ouest, près de l'océan Atlantique, les températures sont douces en hiver et fraîches en été. L'amplitude thermique est très faible. **C'est le climat océanique.**

ACTIVITÉS

❶ Quels sont les lieux où il fait le plus froid ? le plus chaud ? (doc. 1)

❷ Quelles sont les villes où il pleut le plus ? (doc. 1)

❸ En utilisant uniquement le tableau (doc. 1), relève les différences entre le climat continental et le climat polaire ? entre le climat océanique dégradé et le climat continental ? entre le climat océanique dégradé et le climat océanique ?

❹ Quel est le seul caractère qui varie entre le climat méditerranéen et les autres climats tempérés ?

2. Les climats de l'Europe.

LEXIQUE **amplitude thermique.**

À l'est, l'hiver est froid et l'été est chaud. L'amplitude thermique est forte. **C'est le climat continental.**

Entre ces deux climats, il existe un **climat intermédiaire.** Les hivers deviennent de plus en plus froids et les étés de plus en plus chauds au fur et à mesure que l'on s'éloigne de l'océan. **C'est le climat océanique dégradé.**

Au sud, les hivers sont très doux et les étés très chauds et surtout très secs. **C'est le climat méditerranéen.**

L'Europe du Nord, un monde à part ?

Malgré des paysages très différents, les pays de l'Europe du Nord ont tous un point commun. Quel est-il ?

1. L'archipel de Turku (Finlande).

EN LAPONIE

« En Laponie, le soleil n'apparaît plus au-dessus de l'horizon à partir de novembre. Le "jour" n'est plus qu'un clair-obscur incertain. Les avions atterrissent sur des skis et les camions roulent en procession sur les lacs gelés comme sur des autoroutes. »

2. Article du *Courrier international*.

LEXIQUE **fjord.**

ACTIVITÉS

① Quels sont les pays qui se trouvent tout au nord de l'Europe ?

② Observe les photographies 1 et 5. Le relief est-il partout le même ? Note les différences.

③ Combien de mois dure l'hiver à Kiruna ? et l'été ? (doc. 3)

④ Quelle est la température moyenne la plus faible ? la plus élevée ? Compare ces températures avec celles de la France pages 98 et 99.

⑤ Quels sont les inconvénients du froid pour les transports ?

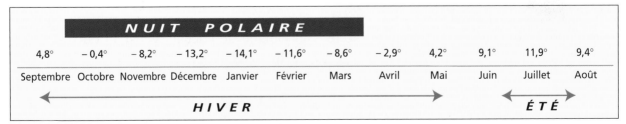

	NUIT POLAIRE										
4,8°	− 0,4°	− 8,2°	− 13,2°	− 14,1°	− 11,6°	− 8,6°	− 2,9°	4,2°	9,1°	11,9°	9,4°
Septembre	Octobre	Novembre	Décembre	Janvier	Février	Mars	Avril	Mai	Juin	Juillet	Août

HIVER   ÉTÉ

3. Les saisons et les températures à Kiruna (Suède) près du cercle polaire arctique.

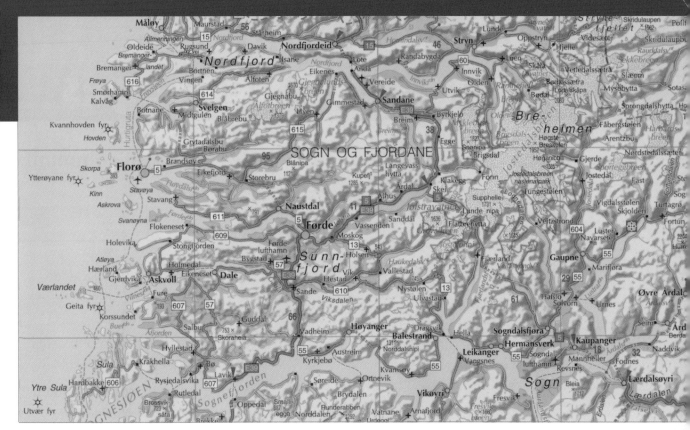

4. Extrait d'une carte de la Norvège au 1 : 1 000 000 (1 cm = 10 km).

Le relief des pays du nord de l'Europe est très différent. L'Islande est montagneuse et volcanique. En Norvège, la montagne est très présente et la mer aussi. Elle s'enfonce profondément à l'intérieur des terres. Ce sont les fjords. En Suède et en Finlande, en revanche, ce sont les plaines qui dominent, avec des milliers de lacs.

Le point commun à tous ces pays est l'environnement climatique qui rend la vie difficile. **L'hiver est long et l'été très court.**

5. Le Geirangerfjord (Norvège).

L'Europe du Sud, l'Europe des héritages

Les pays de l'Europe du Sud ont bien des points en commun. Lesquels ?

Les pays de l'Europe du Sud sont avant tout des pays bordés par la mer Méditerranée. Le climat particulier fait que l'on retrouve un peu partout les mêmes cultures et les mêmes paysages : agrumes, vignes, oliviers, cultures en terrasses et irrigation. La chaleur et l'absence de précipitations en été ainsi que la présence de la mer font des côtes de l'Europe du Sud la première destination touristique du monde.

Avant le XVe siècle et la découverte de l'Amérique, de nombreuses civilisations se sont perpétuées, faisant du bassin méditerranéen le centre du monde pendant des millénaires, avec des villes phares : Athènes, Rome, Cordoue, Byzance, Venise…

Les traces de cette histoire ancienne sont encore très présentes à travers de nombreux monuments grecs, romains, byzantins ou arabes.

ACTIVITÉS

1. Classe dans l'ordre chronologique, de leur construction, les monuments sur les photographies.

2. Trouve le nom de quelques monuments romains situés dans le sud de la France.

3. Connais-tu d'autres grandes civilisations méditerranéennes ? Trouve par qui a été fondée la ville de Marseille. Recherche qui était Hannibal.

4. Dans quel pays est située la ville d'Alexandrie dont parle Élisée Reclus ? (doc. 5)

1. Le centre de Rome (Italie).

2. Grenade (Espagne).

3. La cathédrale de Cordoue (Espagne).

4. L'église Théodori à Mistra (Grèce).

UN GÉOGRAPHE DU XIXᵉ SIÈCLE DÉCRIT CORDOUE

« C'est à l'époque des Maures que Cordoue atteignit à l'apogée de sa grandeur ; du neuvième siècle à la fin du douzième, elle eut près d'un million d'habitants. La richesse de ses mosquées, de ses palais, de ses maisons particulières était prodigieuse, mais, gloire plus haute, Cordoue méritait alors le titre de "nourrice des sciences". Elle était la principale ville d'études dans le monde entier ; par ses écoles, ses collèges, ses universités libres, elle conservait et développait les traditions scientifiques d'Athènes et d'Alexandrie : sans elle, la nuit du Moyen Âge eût été plus épaisse encore. Les bibliothèques de Cordoue n'avaient pas d'égales dans le monde : l'une contenait pas moins de 600 000 volumes. »

5. Élisée Reclus, 1876.

6. Le Parthénon à Athènes (Grèce).

L'Europe de l'Ouest : une Europe maritime

L'Europe est bordée par de nombreuses mers et océans. Comment les hommes utilisent-ils cette façade maritime ?

Entourée par l'océan et des mers sur trois de ses quatre côtés, l'Europe possède une importante façade maritime. C'est en Europe de l'Ouest qu'elle est la plus développée. La mer est avant tout utilisée pour le transport maritime. **Les ports situés près du détroit du Pas-de-Calais forment le plus grand ensemble portuaire du monde.**

La pêche est aussi une activité importante. Depuis 1983, chaque pays de l'Union européenne a un droit de pêche exclusif de six milles marins. Au-delà et jusqu'à deux cents milles, l'accès est libre pour tous les bateaux de l'Union ce qui entraîne parfois des conflits entre les pays.

La mer fournit aussi une autre richesse car des gisements de pétrole sont situés sous la mer du Nord.

ACTIVITÉS

❶ Compare la longueur des côtes des continents avec leur superficie (voir page 40). Comment expliquer que l'Europe ait plus de côtes que l'Afrique (Aide-toi en regardant l'atlas) ? (doc. 3)

❷ Écris les noms des cinq principaux ports d'Europe. (doc. 1)

❸ Recherche dans un dictionnaire à combien de mètres correspond un mille marin.

1. Les ports en Europe (2002).

2. Rotterdam/Europort (Pays-Bas).

④ À quels rangs se situent la France et l'Espagne pour la pêche ? (doc. 4)

⑤ Quels sont les arguments des pêcheurs espagnols ? (doc. 5)

⑥ En regardant où se trouvent la Norvège, l'Islande et le Danemark, indique quelle est selon toi la mer la plus utilisée pour la pêche. Écris le nom des pays ayant également accès à cette mer.

	Longueur des côtes
ASIE	70 800 km
AFRIQUE	30 500 km
AMÉRIQUE DU NORD	75 500 km
EUROPE	37 200 km

3. Les littoraux de quelques continents.

Norvège	3 200
Islande	1 985
Danemark	1 550
Espagne	1 400
Royaume-Uni	920
France	860
Pays-Bas	570
Italie	530
Irlande	420
Iles Féroé	400

4. Les dix premiers pays pêcheurs d'Europe en 2001 (en milliers de tonnes).

GRAVES INCIDENTS
DANS LE GOLFE DE GASCOGNE

Soixante bateaux espagnols de pêche artisanale ont livré hier, dans les eaux économiques françaises au large de la côte landaise, une véritable bataille navale à douze chalutiers français pour protester contre la poursuite, par ces derniers, de la campagne de pêche à l'anchois. Les chalutiers français ont été abordés, leurs ponts incendies au mazout en flammes, et leur matériel de pêche et de navigation a été endommagé ou détruit. [...] Au Pays basque espagnol, pêcheurs et armateurs déclarent que les Français, dont la campagne de l'anchois s'est arrêtée en mars et qui ont depuis longtemps épuisé le stock qui leur était accordé, violent tous les règlements en pillant ce qui revient aux autres. Autant que le dépassement des quotas, ils condamnent l'utilisation de filets, qui détruisent les fonds.

5. Dépêche AFP (Agence Française de Presse), 19 avril 1994.

6. Plate-forme pétrolière en mer du Nord.

L'Europe du « Plat Pays »

Une grande partie de l'Europe est constituée de vastes plaines. Quels sont leurs caractères ?

La grande plaine européenne s'étire sur plusieurs milliers de kilomètres du nord de la France jusqu'à l'Oural. Elle a été très tôt occupée et exploitée par les hommes. Les meilleures terres sont consacrées à la culture des céréales, les moins bonnes à l'élevage ou à la forêt.

LA RETRAITE DE RUSSIE

« Il neigeait. On était vaincu par sa conquête.
Pour la première fois l'aigle baissait la tête.
Sombres jours ! L'empereur revenait lentement,
Laissant derrière lui brûler Moscou fumant
Il neigeait. L'âpre hiver fondait en avalanche.
Après la plaine blanche, une autre plaine blanche. »

1. Victor Hugo, 1852.

2. Marais de la Biebrza (Pologne).

ACTIVITÉS

❶ À quoi correspondent les zones en bleu-gris sur la carte ? (doc. 4)

❷ Quel est le point le plus élevé des Pays-Bas ? À quelle altitude se trouve-t-il ? (doc. 4)

❸ À ton avis, les terres de Mazurie sont-elles riches ou pauvres ? (doc. 2)

❹ Décris la photographie (doc. 3) : où sont les champs, où est l'eau ? Que se passe-t-il quand il pleut ? Comment enlevait-on l'eau des champs ?

❺ Cite le vers de Victor Hugo décrivant le type de relief que les armées de Napoléon ont traversé pour retourner de Moscou vers la France. (doc. 1)

❻ Pour Jacques Brel, quelles sont les montagnes en Belgique ? Comment décrit-il son pays ? (doc. 5)

3. Polder à Zaanse Schans (Pays-Bas).

C'est aux Pays-Bas que le travail des hommes a le plus marqué le paysage. Depuis plus de 1 000 ans, génération après génération, les hommes ont conquis de nouvelles terres sur la mer. Ce sont les polders.

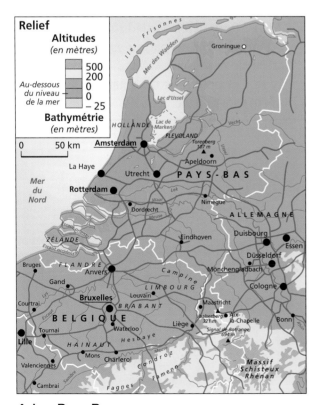

4. Les Pays-Bas.

LE PLAT PAYS

[...]

Avec la mer du Nord pour dernier terrain vague
Et des vagues de dunes pour arrêter les vagues
Et de vagues rochers que les marées dépassent
Et qui ont à jamais le cœur à marée basse
Avec infiniment de brumes à venir
Avec le vent de l'est écoutez-le tenir
Le plat pays qui est le mien

Avec des cathédrales pour uniques montagnes
Et de noirs clochers comme mâts de cocagne
Où des diables en pierre décrochent les nuages
Avec le fil des jours pour unique voyage
Et des chemins de pluie pour unique bonsoir
Avec le vent d'ouest écoutez-le vouloir
Le plat pays qui est le mien

[...]

Paroles et musique : Jacques Brel, 1962
© Éditions musicales Plouchenel, Bruxelles

5. Chanson de Jacques Brel.

L'Europe des montagnes

**S'il existe de grandes plaines en Europe,
il y a aussi des obstacles montagneux.
Où se situe cette Europe des montagnes ?**

Les montagnes occupent une grande partie du centre et du sud de l'Europe.

Du sud de l'Italie jusqu'à la Roumanie, se succèdent les arcs montagneux : Apennins, Alpes françaises, suisses et autrichiennes, puis montagnes des Carpates.

D'autres montagnes, comme les Pyrénées, ont des formes rectilignes.

Les montagnes d'Europe ont une longue histoire. Le temps de la nature n'est pas celui des hommes. Il se compte en millions d'années. Les plus anciennes ont 600 millions d'années, le Massif central, par exemple. Les plus récentes se sont formées il y a « seulement » 60 millions d'années. Des tremblements de terre et des volcans montrent que ces reliefs évoluent encore de nos jours.

ACTIVITÉS

❶ À quelle altitude culmine la Jungfrau ? De quelle couleur les glaciers sont-ils représentés sur la carte ? (doc. 4)

❷ Localise Innsbruck sur la carte 2 puis décris les différents plans de la photographie. (doc. 1)

❸ Quels sont les pays où il est le plus facile de franchir les Alpes (attention, toutes les montagnes représentées ne sont pas les Alpes, regarde d'abord dans l'atlas page 176) ? Pour livrer des légumes de Bretagne à Milan, par où est-il le plus facile de traverser les Alpes en passant par Lyon ? et pour aller de Milan en Allemagne ? (doc. 2)

1. Innsbruck (Autriche).

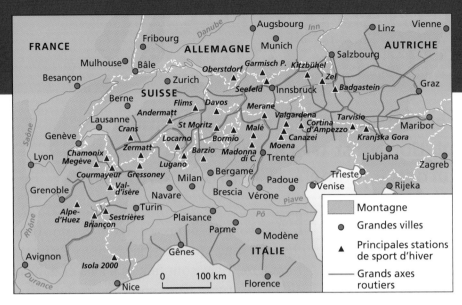

2. Les Alpes, une montagne facile à franchir.

Certaines montagnes d'Europe sont difficilement franchissables.

D'autres, au contraire, comme les Alpes, sont traversées de toutes parts par de larges vallées, des cols ou des tunnels routiers et ferroviaires qui permettent à des millions d'Européens de fréquenter les stations de sports d'hiver.

Autrefois pauvres et isolées, les montagnes d'Europe connaissent un renouveau grâce à « l'or blanc ».

4. Massif de la Jungfrau : le plus grand glacier des Alpes (Suisse). Carte au 1 : 50 000.

LES ROUTIERS VONT PAYER POUR LE RAIL

Depuis le début de l'année, tous les véhicules de plus de 3,8 tonnes, qu'ils soient étrangers ou suisses, qu'ils assurent un trafic local ou de transit, sont assujettis à la « redevance sur le trafic des poids lourds liée aux prestations » (ou RPLP), fondée sur le principe du pollueur-payeur [...]

3. B. Carrière, *La Vie du Rail*, 21 mars 2001.

5. Une image de la montagne : une carte postale ancienne.

L'Europe vide, l'Europe pleine

L'Europe est un grand foyer de peuplement, mais la population y est très inégalement répartie. Où sont l'Europe « pleine » et l'Europe « vide » ?

La densité de population est une mesure du peuplement humain. Plus la densité est élevée, plus le peuplement est important. Moins la densité est forte, moins la présence des hommes est importante.

En Europe, les densités sont très élevées dans les agglomérations urbaines, le long des côtes et de certains fleuves. Ailleurs, les densités sont très variables.

Elles sont très faibles dans le nord de l'Europe ainsi que dans les régions de haute montagne. Elles sont faibles à l'est et dans le sud de l'Europe. **Elles sont fortes dans une zone qui s'étend de la Grande-Bretagne jusqu'à l'Italie.**

La France, excepté l'Ile-de-France, l'Alsace et la région Nord-Pas-de-Calais, a une densité faible par rapport à ses voisins allemands, belges et même suisses.

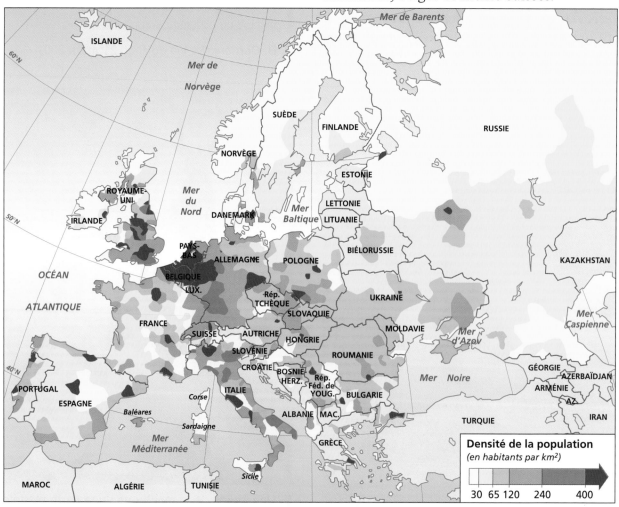

1. Les densités de la population en Europe (2002).

2. L'Europe : les lumières dans la nuit.

3. Le sud de l'Angleterre, de nuit.

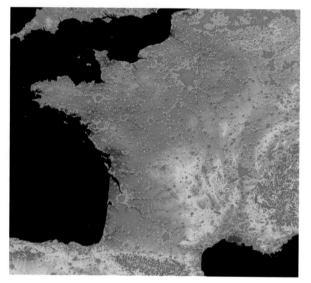

4. La France, de nuit.

ACTIVITÉS

❶ Sur la carte 1, à partir de quel repère, au nord, la densité devient-elle très faible ? Mets des noms de grandes villes sur les zones de fortes densités en Espagne, en Grèce, en Russie.

❷ Sur la photographie de l'Europe de nuit, peux-tu reconnaître le tracé des côtes ? des fleuves ? Donne des exemples. Explique pourquoi la lumière dans la nuit est un indice de peuplement important. (doc. 2)

❸ Les documents 3 et 4 ne sont pas des photographies mais des images dont les couleurs sont fausses. Les lumières de la nuit ont été mises en rouge. Compare l'image de la France avec celle de la Grande-Bretagne.

❹ Pour parler du cœur de l'Europe, on utilise souvent l'expression « la banane euro-péenne ». Explique pourquoi. (doc. 5)

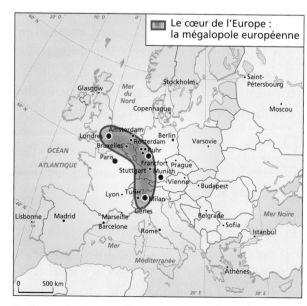

5. Organisation de l'espace européen.

L'Europe des villes

**L'Europe est le continent le plus urbanisé du monde.
Quelles sont les grandes villes d'Europe ?**

1. Le centre de Prague (Rép. Tchèque).

Aujourd'hui, la grande majorité des Européens vivent dans des villes. Plus de 7 habitants sur 10 sont des citadins. Dans certains pays d'Europe, cette proportion peut atteindre ou dépasser 9 habitants sur 10 comme en Belgique, en Italie ou au Royaume-Uni. **L'Europe est l'une des régions les plus urbanisées du monde.**

Pendant longtemps, les plus grandes villes du monde se trouvaient en Europe. Ce n'est plus le cas aujourd'hui.

Dans certains pays, la France en particulier, il n'existe qu'une seule très grande métropole, la capitale. Dans d'autres pays, il y a un équilibre entre la très grande ville (généralement la capitale) et des villes plus petites.

ACTIVITÉS

① Recherche dans quels continents sont situées les grandes villes aujourd'hui.

❷ Combien y avait-il de villes d'Europe parmi les dix plus grandes villes du monde en 1900 ? 1950 ? 1975 ? 2005 ? (doc. 4)

❸ À partir de la carte 2, complète le tableau en indiquant les villes de plus de 5 millions d'habitants, de 2 à 5 millions pour les pays suivants : Espagne, France, Allemagne, Italie et Royaume-Uni.

	Plus de 5 millions	De 2 à 5 millions
Espagne	Madrid	Barcelone

❹ À quoi reconnais-tu que Prague est une ville très ancienne ? (doc. 1)

90

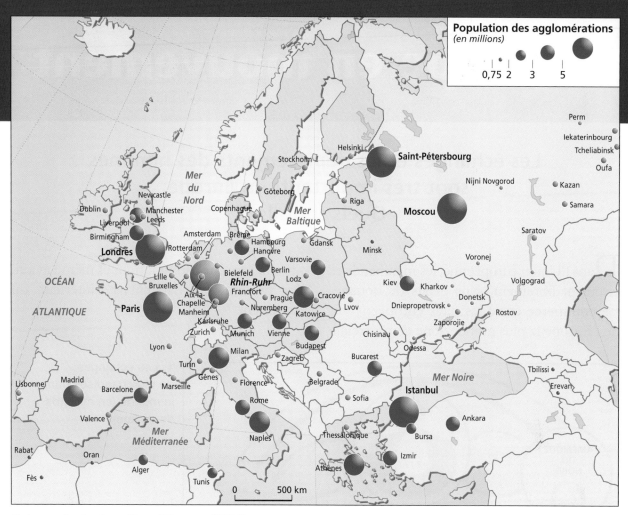

2. Les principales villes d'Europe (2002).

3. Londres dans les années 1900.

1900	1950	1975	2005
Londres	New York	Tokyo	Tokyo
New York	Londres	New York	Mexico
Paris	La Ruhr	Mexico	New York
Berlin	Tokyo	Shanghai	Mumbai[2]
Chicago	Shanghai	Los Angeles	São Paulo
Venise	Paris	São Paulo	Delhi
Tokyo	Buenos Aires	Londres	Calcutta
Saint-Pétersbourg	Chicago	Buenos Aires	Bueno Aires
Philadelphie	Moscou	Paris	Jakarta
Manchester	Calcutta	Beijing[1]	Shangaï

(1) Pékin   (2) Bombay

4. Les dix plus grandes villes du monde.

L'Europe en mouvement

Les échanges et les déplacements des hommes sont très importants en Europe. Quels sont-ils ?

Dans l'Union européenne, les marchandises circulent librement, sans droits de douane. Le commerce entre les pays européens fait de l'Europe la plus grande zone commerciale du monde. Par camion, train et même avion, les produits s'échangent à l'intérieur du continent.

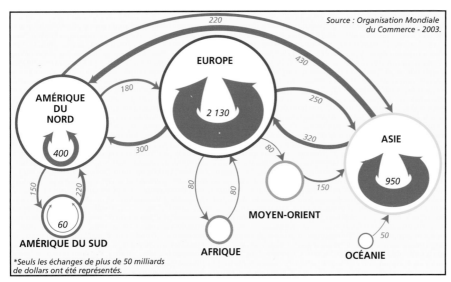

Source : Organisation Mondiale du Commerce - 2003.

*Seuls les échanges de plus de 50 milliards de dollars ont été représentés.

1. Les échanges de marchandises dans le monde (en milliards de dollars).

2. Réfugiés albanais à Bari (Italie).

3. Station balnéaire de Benidorm (Espagne).

Les hommes circulent eux aussi. Aux XVIIIe et XIXe siècles et pendant la première moitié du XXe siècle, les Européens quittaient l'Italie, la Suède, l'Allemagne, l'Irlande ou l'Angleterre pour s'installer aux quatre coins du monde. Aujourd'hui, venant d'Afrique ou d'Asie, des hommes veulent s'installer en Europe pour y mener une vie moins misérable ou plus en sécurité que dans leur pays d'origine.

Les Européens se rendent également d'un pays à l'autre pour leurs études, leur travail ou pour leurs loisirs.

ACTIVITÉS

❶ À ton avis, pourquoi les différentes régions du monde sont-elles représentées par des cercles de diamètres différents ? Dans quel continent les échanges sont-ils les plus nombreux ?
Calcule le total des échanges de l'Europe, de l'Amérique du Nord et de l'Asie (flèches intérieures, entrantes et sortantes). Qu'en conclus-tu ? (doc. 1)

❷ Quels sont les autres déplacements représentés ? (doc. 2, 3 et 4)

4. Une file de camions avant le passage du tunnel du Mont-Blanc.

L'Europe riche, l'Europe pauvre

L'Europe n'est pas seulement une mosaïque de paysages, elle comporte aussi des zones inégalement peuplées. Où sont situées l'Europe riche et l'Europe pauvre ?

Les pays de l'Europe de l'Ouest sont beaucoup plus riches que ceux de l'Europe de l'Est.

Les pays de l'Europe du Sud sont plus pauvres que ceux de l'Europe du Nord.

Ainsi, la mortalité infantile, c'est-à-dire le risque de mourir pour un bébé qui vient de naître, est presque dix fois plus forte en Roumanie qu'en Islande.

ACTIVITÉS

❶ Écris le nom des neuf pays où la mortalité infantile est la plus faible et celui des sept pays où elle est la plus forte. Dans quelles parties de l'Europe sont situés ces deux groupes de pays ? (doc. 1 et 2)

1. Situation en 2002.

	Mortalité infantile (pour 1 000 bébés)	Nombre de télévisions (pour 100 habitants)
Albanie	12	13
Allemagne	4	57
Autriche	5	53
Biélorussie	9	24
Belgique	5	47
Bosnie-Herzégovine	11	1
Bulgarie	15	39
Croatie	8	27
Danemark	4	59
Espagne	5	41
Estonie	10	42
Finlande	4	62
France	4	60
Grèce	6	24
Hongrie	9	44
Irlande	6	40
Islande	2	36
Italie	5	53
Lettonie	11	49

	Mortalité infantile (pour 1 000 bébés)	Nombre de télévisions (pour 100 habitants)
Lituanie	9	46
Luxembourg	5	39
Macédoine	15	26
Malte	7	74
Moldavie	18	29
Norvège	4	46
Pays-Bas	5	52
Pologne	9	34
Portugal	6	34
Rép. tchèque	4	53
Roumanie	19	23
Royaume-Uni	6	52
Russie	16	41
Slovaquie	9	49
Slovénie	4	36
Suède	3	52
Suisse	5	46
Ukraine	15	34
Yougoslavie	13	26

2 À ton tour de faire une carte des postes de télévision en Europe (pour 100 habitants) selon le même modèle que celle de la mortalité infantile (document 3). Construis un graphique, puis colorie sur une carte de l'Europe, en jaune les pays avec moins de 30 postes pour 100 habitants, en orange les pays de 30 à 49 et en rouge les pays de 50 et plus.

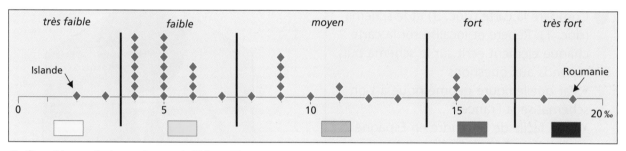

2. Graphique du taux de mortalité en Europe.

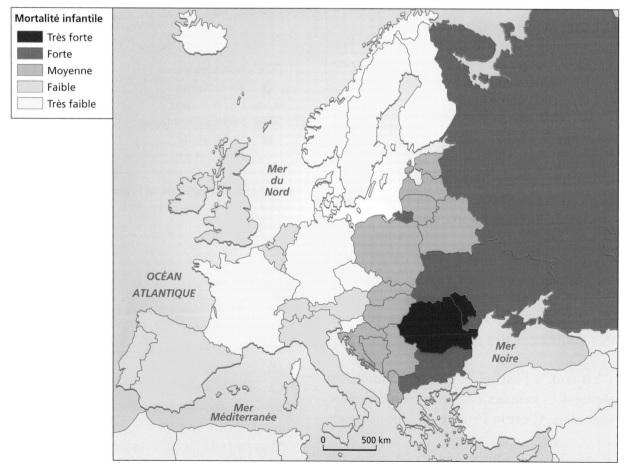

Mortalité infantile
- Très forte
- Forte
- Moyenne
- Faible
- Très faible

3. Carte du taux de mortalité en Europe.

Les reliefs de la France

La France présente une multitude de paysages
qui s'épanouissent sur des reliefs variés : plaines,
plateaux, collines et montagnes.
Comment est organisé le relief de la France ?

ACTIVITÉS

1 Compare la carte (doc. 3) et le schéma
(doc. 1). Repère et localise sur la carte
chaque élément écrit sur le schéma puis
réponds aux questions :
• Par quelle figure géométrique a-t-on
schématisé la France ?
• Est-il facile de se rendre en Espagne ?
en Belgique ? en Italie ? en Suisse ?
• Par où doit-on passer pour se rendre
en Allemagne ?

2 Qu'évoquent pour toi les mots
« couloir », « porte », « seuil » ? (doc. 1)
Quel mot pourrait-on utiliser pour décrire
les Pyrénées en faisant appel au même
type de vocabulaire ?

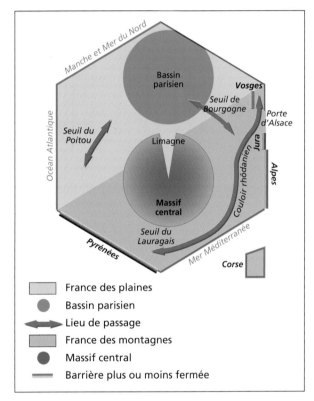

1. Schéma simplifié de la France.

Si l'on trace une ligne droite entre Nancy
au nord-est et Bayonne au sud-ouest, deux
aspects de la France apparaissent.

Au **nord et à l'ouest**, l'altitude est faible,
les obstacles sont rares et les communica-
tions faciles. De grands fleuves facilitent la
circulation. **C'est la France des plaines,
des collines et des plateaux.**

Au **sud, à l'est et en Corse**, l'altitude est
élevée. Les grandes voies de communication
sont rares. **C'est la France des montagnes.**

Les îles des départements d'outre-mer
sont très montagneuses.

Mont Blanc (Alpes)	4 810 m
Pic de Vignemale (Pyrénées)	3 298 m
Monte Cinto (Corse)	2 710 m
Puy de Sancy (Massif central)	1 886 m
Crêt de la Neige (Jura)	1 723 m
Grand Ballon (Vosges)	1 424 m
Piton des Neiges (île de la Réunion)	3 069 m
La Soufrière (île de la Guadeloupe)	1 467 m
Montagne Pelée (île de la Martinique)	1 397 m

2. Les sommets des montagnes de France.

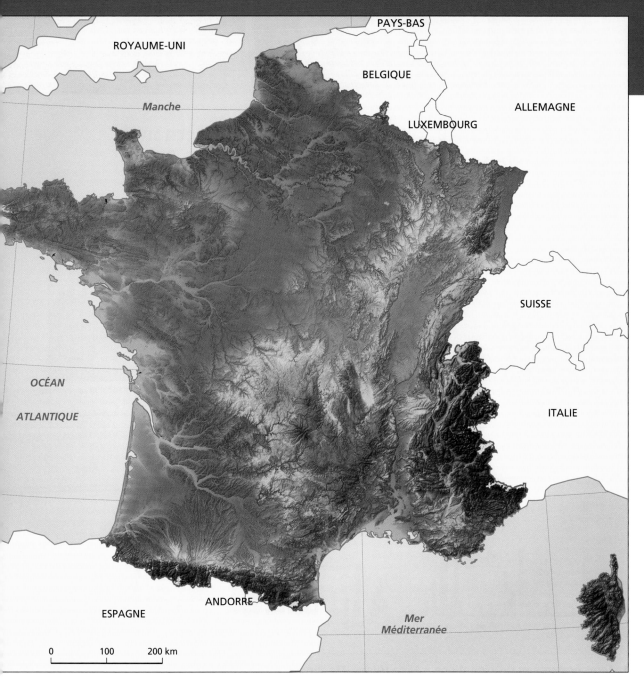

3. Le relief de la France : une France ou deux ?

TROIS MÈTRES : LE MONT BLANC A-T-IL GRANDI ?

Depuis le 8 septembre 2001, tous les atlas doivent subir une mise à jour inattendue : le toit de l'Europe a changé d'altitude.

Cette nouvelle est le résultat d'une étroite collaboration réussie entre la Chambre des géomètres experts de Haute-Savoie (mesures), la société Leica Geosystems (matériel) et l'Institut géographique national (calculs).

La montagne la plus haute d'Europe est finalement encore plus haute. C'est l'information rendue publique hier par Pierre Bibollet, président de la Chambre des géomètres experts de Haute-Savoie.

Le mont Blanc mesure donc 4 810,40 m et non 4 807 m. La révélation de ces nouvelles mensurations a été possible grâce à l'installation de deux antennes satellites supplémentaires au sommet de la montagne.

L'altitude ainsi obtenue est celle de la couche neigeuse, la roche se trouvant à une profondeur estimée à 30 m.

4. D'après *Libération* du 11 octobre 2001 et communiqués de presse.

Les climats de la France

En France, on note partout une alternance
de saisons froides et de saisons chaudes.
Qu'en est-il des précipitations ?
Quels sont les principaux climats de la France ?

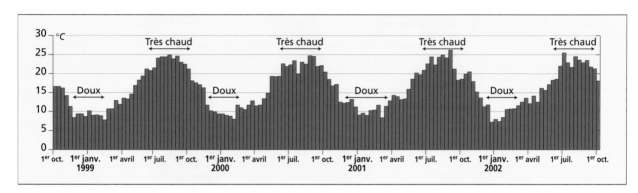

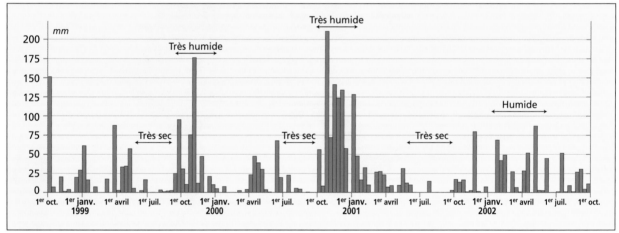

1. Températures et précipitations à Nice (Alpes-Maritimes) du 1er octobre 1998 au 1er octobre 2002.

À Nice, **l'été est chaud** et même parfois très chaud. **L'hiver est très doux**. Il pleut très peu pendant l'été. C'est la sécheresse. Il pleut surtout en hiver et en automne, avec parfois de très violents orages. C'est le climat méditerranéen.

ACTIVITÉS

Chaque trait représente une décade (dix jours). Utilise une règle pour répondre aux questions. (doc. 1, 2 et 4)
À Nice, Lorient et Strasbourg, combien relève-t-on de décades où :
– la température a été supérieure à 20 °C ? inférieure à 10 °C ? inférieure à 5 °C ? inférieure à 0 °C ?
– les précipitations ont été supérieures à 200 mm ? à 100 mm ? égales à 0 mm ?
Résume ces informations dans un tableau.

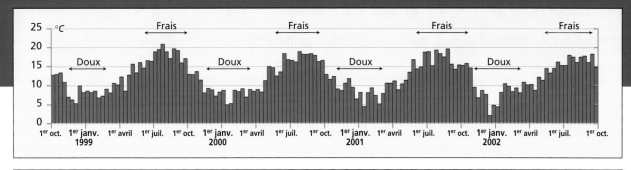

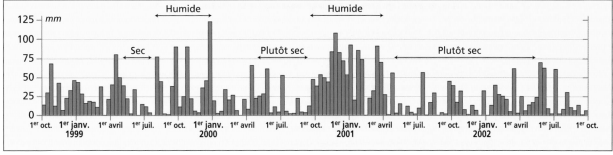

2. Températures et précipitations à Lorient (Morbihan) du 1ᵉʳ octobre 1998 au 1ᵉʳ octobre 2002.

3. Strasbourg en été.

À Lorient, **l'été est frais** : les températures moyennes dépassent très rarement 20 °C. **L'hiver est doux** : les températures sont presque toujours au-dessus de 5 °C. **Il pleut toute l'année mais beaucoup plus en automne et en hiver qu'en été même si parfois les précipitations** peuvent être abondantes durant la saison chaude. **C'est le climat océanique.**

À Strasbourg, l'été est chaud et l'hiver froid. Il pleut toute l'année mais plus en été que durant les autres saisons. C'est le climat continental.

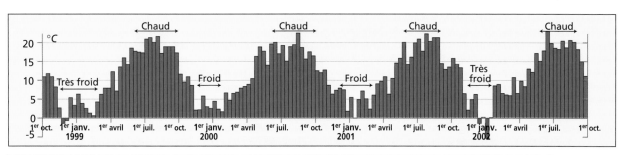

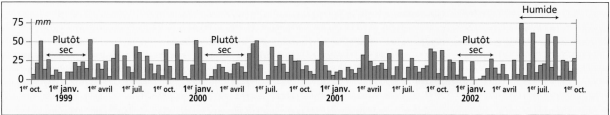

4. Températures et précipitations à Strasbourg (Bas-Rhin) du 1ᵉʳ octobre 1998 au 1ᵉʳ octobre 2002.

Atlas des climats de la France

Les climats de la France sont tous des climats tempérés.
Mais les précipitations, les températures ou l'ensoleillement
varient beaucoup d'une région à l'autre.
Qu'en est-il exactement ?

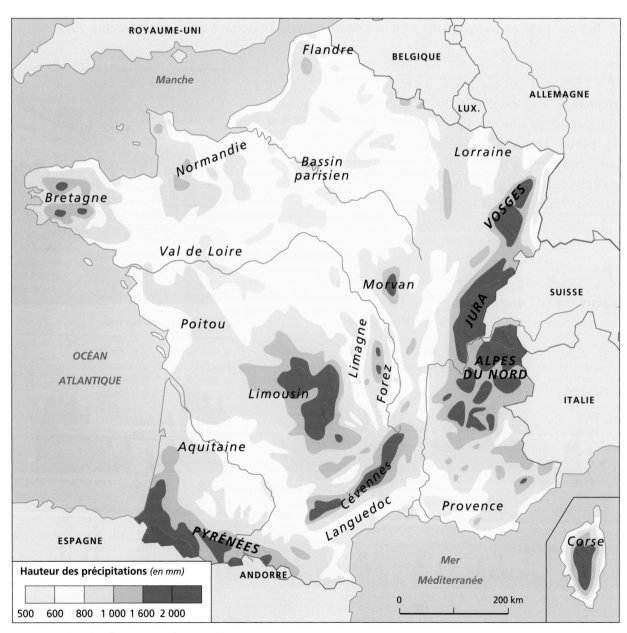

Hauteur des précipitations *(en mm)*

500   600   800   1 000 1 600 2 000

1. Les précipitations annuelles en France.

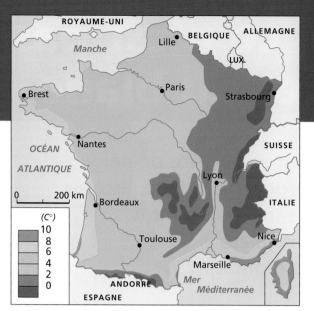

2. Les températures moyennes en janvier.

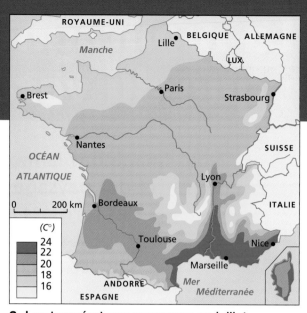

3. Les températures moyennes en juillet.

ACTIVITÉS

1 Observe le document 1 et écris le nom des régions où il pleut le moins, où il pleut le plus. Compare cette carte avec celle du relief de la France page 178. Penses-tu que le relief a une influence sur les précipitations ?

2 Où fait-il le plus froid en janvier (doc. 2) ? En juillet (doc. 3) ?

3 Où y a-t-il le plus d'ensoleillement en France durant l'année ? le moins ? (doc. 5)

4 Reproduis le tableau ci-dessous sur ton cahier. Ajoute des lignes pour Lille, Lyon, Marseille, Nantes, Nice, Paris, Strasbourg, Toulouse. Puis complète les colonnes. Y a-t-il des lignes qui se « ressemblent » ?

	Précipitations (en mm)	Températures de janvier (en °C)	Températures de juillet (en °C)	Durée d'ensoleillement (en heures)	Nombre annuel de jours de gel
Bordeaux					
Brest					
...					
École					

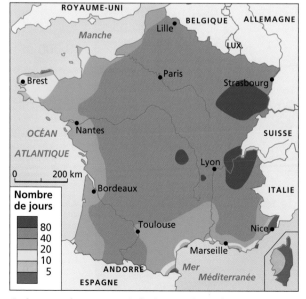

4. Le nombre annuel de jours de gel.

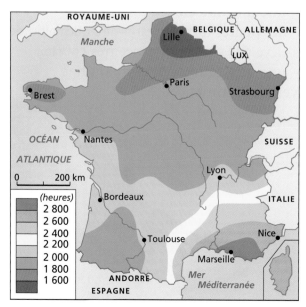

5. La durée annuelle d'ensoleillement.

La montagne, ce n'est pas que du vert et du blanc

Nous imaginons la montagne couverte de neige en hiver et des paysages verdoyants en été, arrosés par des torrents aux eaux abondantes.
Est-ce toujours le cas ?
Qu'est-ce qu'une montagne ?

Une montagne est une imposante masse de roches qui domine une région. Plus on s'élève en altitude et plus la température diminue. La végétation est adaptée à ces changements de températures. Au pied des montagnes, on trouve des cultures et des prairies. Plus haut, on trouve la forêt avec des arbres qui résistent au froid. Plus haut encore, seule l'herbe pousse pendant la saison chaude. Près du sommet, même l'herbe ne pousse plus à cause du froid. Il ne reste plus que des rochers et parfois des neiges éternelles.

Pour que l'on puisse parler de montagne, il faut trois éléments :
– une altitude élevée ;
– des pentes fortes, c'est-à-dire que l'altitude s'élève vite sur une distance très courte ;
– une végétation qui varie du bas vers le sommet.

ACTIVITÉS

1 À quelles altitudes trouve-t-on les forêts ? (doc. 1)

2 À ton avis, quels sont les arbres qui résistent le mieux au froid : les résineux ou les feuillus ? (doc. 1)

3 Pourquoi parle-t-on d'« étages » ou d'« étagement » de la végétation en montagne ?

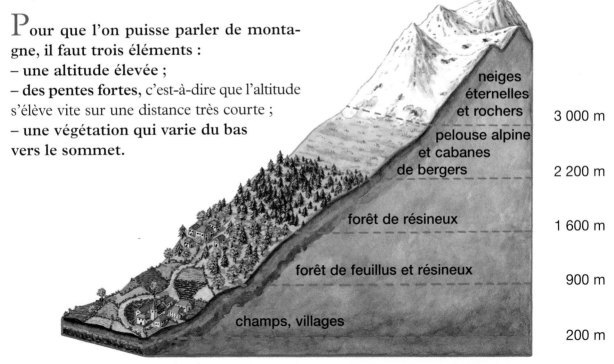

neiges éternelles et rochers — 3 000 m

pelouse alpine et cabanes de bergers — 2 200 m

forêt de résineux — 1 600 m

forêt de feuillus et résineux — 900 m

champs, villages

200 m

1. La végétation de la montagne en été.

2. Le massif des Danjuan
(Alpes-de-Haute-
Provence).

LEXIQUE **feuillus, neiges éternelles,
pente, résineux.**

Dans les Vosges, le Jura, les Alpes du
Nord et l'ouest du Massif central, les
précipitations sont très abondantes. La
neige en hiver et le développement du
tourisme ont permis de développer les
stations de ski. **Ce sont des montagnes
humides.**

Dans les montagnes proches de la mer
Méditerranée (Alpes du Sud, Pyrénées
orientales, Corse, sud du Massif central),
les précipitations sont moins abondantes : et il ne pleut presque pas en été
sauf quand il y a de gros orages. **Ce sont des
montagnes sèches.**

3. La station de ski de Tignes en été (Savoie).

Le Massif armoricain est une

Sur les cartes de France, en Bretagne, il est écrit
« Massif armoricain ». On parle aussi des « monts d'Arrée ».
Tous ces mots évoquent la montagne.
Le Massif armoricain est-il cependant une montagne ?

ACTIVITÉS

1 Repère et localise les alignements de l'ancienne chaîne de montagnes. Quelles en sont les principales directions ? (doc. 1)

2 Au sud de la Bretagne, les côtes et les îles sont-elles orientées à peu près dans les mêmes directions ? (doc. 1)

3 Reprends, page 102, les éléments nécessaires pour que l'on puisse parler de « montagne ». Écris un petit texte expliquant pourquoi le Massif armoricain n'est pas une montagne.

1. Le Massif armoricain vu du ciel.

montagne

2. Le relief de la France.

3. Les montagnes de la France.
(doc. 2 et 3, *Géographie*, CM, Hachette, 1926)

 LEXIQUE **érosion.**

4. Le Ménez-Hom, 330 m (Finistère).

Il y a trois cents millions d'années, une grande chaîne de montagnes s'étendait des Vosges jusqu'en Angleterre en passant par le Morvan et le Massif central. Dans la Bretagne actuelle, les altitudes devaient atteindre 3 000 m ou 4 000 m.

Pendant des centaines de millions d'années, cette montagne a été érodée par les eaux et les glaces. L'érosion a fait presque entièrement disparaître cette imposante chaîne.

En Bretagne, il n'en reste plus que les « racines ». Le Massif armoricain n'est pas une montagne.

Il y a cinq millions d'années, les Alpes et le Jura se sont formés.

Dans les régions voisines, les anciennes montagnes disparues se sont de nouveau élevées. Les Vosges et le Massif central sont des montagnes.

Plaines et plateaux : est-ce la même chose ?

Plaines et plateaux occupent la majeure partie de la France. Qu'est-ce qui les distingue et où sont-ils situés ?

La plaine et le plateau sont tous deux des étendues planes. Dans les plaines, les rivières et les fleuves coulent lentement dans de larges vallées. Sur les plateaux, les rivières et les fleuves coulent dans des vallées creusées dans les roches. Quand les talus forment d'impressionnantes entailles on les appelle des gorges ou des canyons.

Les principales plaines de France sont situées près des côtes : en Flandre (au nord de la France) ou dans le Languedoc, par exemple. On en trouve aussi à l'intérieur des terres, en Alsace ou en Limagne.

Les principaux plateaux se trouvent à des altitudes élevées, dans le Vercors (massif des Alpes) ou dans les Causses (Massif central). On en trouve aussi à des altitudes moins élevées ; c'est le cas du Bassin parisien (Picardie, Beauce…).

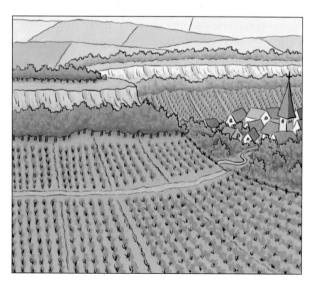

1. Schéma du plateau bourguignon.

ACTIVITÉS

1 Observe bien les deux photographies et relève les ressemblances et les différences entre une plaine et un plateau. (doc. 3 et 4)

2 Dans la partie supérieure de la photographie du plateau bourguignon, indique précisément ce que l'on trouve sur le plateau, au sommet du talus, sur le talus, au pied du talus. (doc. 4)

LEXIQUE **canyon, gorge, plaine, plateau, talus.**

LE CANYON DU VERDON

Cette descente dans la vallée du Verdon est une des plus dangereuses qu'on puisse jamais rencontrer. Non seulement la route, taillée dans le roc vif, a une pente peu commune, mais elle tourne sans cesse sur elle-même en coudes brusques, à angles aigus. C'est là qu'il importe d'être prudent et de savoir gouverner son guidon en virtuose ; chacun de ces tournants impérieux est une invite à trois alternatives : vous aplatir contre la paroi rocheuse, ou piquer une tête dans la vallée, 250 mètres plus bas, ou encore prendre le mors aux dents jusqu'à ce qu'un obstacle ou un nouveau tournant vous fasse faire une effroyable chute. [...] Car à l'un des coudes les plus brusques, nous nous trouvâmes nez à nez avec un char traîné de deux mules qui montaient. [...] Grâce à notre sagesse, nous pûmes manœuvrer à temps pour passer à côté. Lancés imprudemment, mules, chars, bicyclettes et touristes auraient fait un saut mémorable et fourni aux ennemis du vélocipède un argument de plus contre leur bête noire.

2. *La France en bicyclette*, Jean Bertot, Paris, 1884.

3. La plaine du Nord, près de Thérouane (Pas-de-Calais).

4. Le plateau bourguignon (Côte-d'Or).

Plaines et plateaux :
des paysages aménagés par l'homme

**Plaines et plateaux sont cultivés depuis des siècles.
Quels grands types de paysages ruraux
y trouve-t-on aujourd'hui ?**

En Bretagne, en Normandie et dans le Massif central, les maisons sont dispersées en petits hameaux ou en fermes isolées. **Les champs sont souvent petits, bordés par des haies, des murs de pierres ou des chemins creux. C'est le paysage de bocage.**

Dans le Bassin parisien, dans le Sud-Ouest et l'Est, les maisons sont groupées autour de l'église ou alignées le long d'une rue principale. **La vue est bien dégagée car les champs ne sont pas entourés par des haies. C'est le paysage de champs ouverts.**

Dans le Sud, les paysages ruraux sont différents en raison du climat méditerranéen.

ACTIVITÉS

1. Sur quelle photographie la vue est-elle la plus dégagée ? (doc. 2 et 3)
2. Comment sont les villages en Bretagne ? et en Beauce ? (doc. 2 et 3)
3. Où y a-t-il le plus d'arbres ? Où les champs sont-ils les plus grands ?
4. Quel est le paysage de bocage ? le paysage de champs ouverts ?

LEXIQUE **bocage, champs ouverts, rural.**

LE GÉNÉRAL RÉPUBLICAIN LOUIS-MARIE TURREAU DÉCRIT LE BOCAGE

Le Bocage est un pays très-coupé, quoiqu'il n'y ait pas de grandes rivières ; très-inégal, quoiqu'il n'y ait pas de montagnes ; et très-couvert quoiqu'il y ait peu de forêts et que les bois qui y sont fréquens, n'aient communément qu'une médiocre étendue. Il est très inégal et très coupé, parce qu'il y a beaucoup de colines, de vallons, de ravins, de petites rivières presque toujours guéables, de ruisseaux même que l'on passe souvent à pied sec, mais que les moindres pluies transforment en torrens. Il est très-coupé, parce que toutes les propriétés y sont divisées en petits clos ou champs. Il est très-couvert parce que ces champs sont entourés de fortes haies plantées sur la crête des fossés. [...] Une telle localité ne comporte pas de beaux chemins, aussi sont-ils affreux dans la Vendée. Les convois ont de la peine à faire trois lieues[1] durant toute une journée. [...] Il s'y trouve rarement des espaces, des carrefours où les voitures puissent tourner ; et quand l'escorte d'un convoi est battue, il devient infailliblement la proie des Brigands.

1. Trois lieues : environ douze kilomètres.

Orthographe du manuscrit original.

1. Général Turreau, Messidor an 3 (juin 1795), *Mémoire pour servir à l'histoire de la guerre de la Vendée.*

2. Paysage de Bretagne (Côtes d'Armor).

3. Paysage beauceron (Yvelines).

Les fleuves de France

De grands fleuves traversent la France et les départements d'outre-mer. Quels sont-ils ?

L'eau de la pluie forme de petits ruisseaux. Ces ruisseaux se rejoignent et forment des rivières qui, à leur tour, se jettent dans des fleuves. Ces rivières sont les affluents des fleuves. Les fleuves se jettent dans la mer par une embouchure. Ces embouchures peuvent être très larges comme l'estuaire de la Garonne, où se mêlent les eaux de la mer et celles du fleuve, ou bien former des zones où le fleuve se découpe en de multiples petits bras, comme le delta du Rhône. L'ensemble des ruisseaux et rivières d'un même fleuve constitue un bassin fluvial.

Cinq grands bassins fluviaux se partagent la France : les bassins de la Loire, de la Garonne, de la Seine, du Rhône et du Rhin.

En Guyane, on trouve aussi de grands bassins fluviaux ; ainsi celui du fleuve Maroni.

LEXIQUE affluent, bassin fluvial, delta, embouchure, estuaire.

1. Les rivières et les fleuves de France.

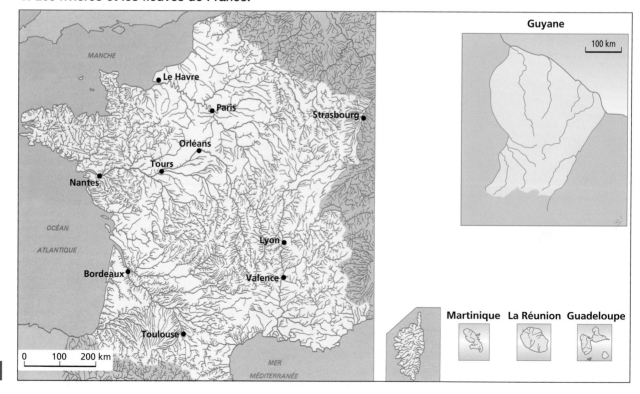

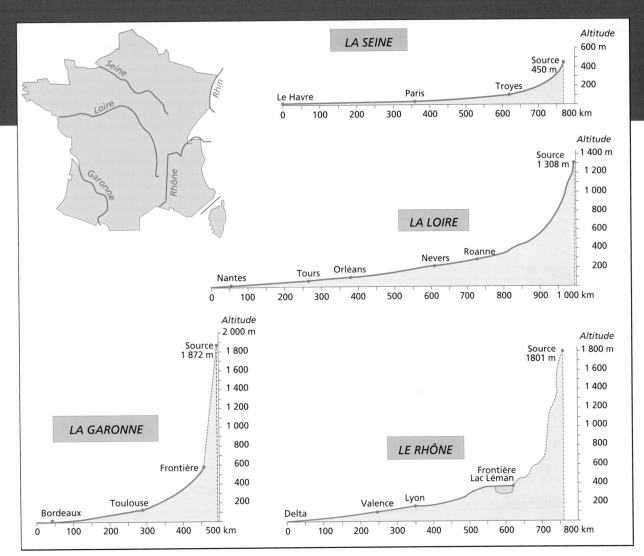

2. Les grands fleuves en France.

ACTIVITÉS

❶ Sur une photocopie agrandie du document 1, repasse avec un crayon rouge le tracé de la Loire et de toutes les rivières qui s'y jettent. Trace ensuite, en partant de l'embouchure, la limite du bassin fluvial de la Loire.

❷ Dresse la carte d'identité d'un des fleuves du document 2 (longueur, altitude de la source, grandes villes traversées…). Tu peux effectuer cette recherche pour les grands fleuves de Guyane comme le Maroni, la Mana ou l'Oyapock.

❸ Quand il pleut à Orléans, dans quel fleuve va cette eau ? Réponds à cette même question pour Paris, Toulouse et Lyon. Retrouve, sur la carte 1, les quatre grands fleuves du document 2. Dans quelle mer ou quel océan se jettent-ils ? Comment sont leurs embouchures ?

EN CAMARGUE

Ils arrivaient en pleine Camargue sauvage. C'était une ligne uniforme, indéfiniment prolongée, coupée d'étangs et de canaux, étincelants dans la blondeur des salicornes. Pas d'arbres hauts ; des bouquets de tamaris et de roseaux, comme des îlots sur une mer calme. Çà et là des parcs de bestiaux étendant leurs toits bas presque au ras de terre ; des troupeaux dispersés, couchés dans l'herbe saline, ou cheminant serrés autour de la grande roulière du berger.

Pour animer le décor, la lumière d'une belle journée d'hiver méridional, le mistral qui soufflait de haut, fouettant et brisant un large soleil rouge, faisait courir de longues ombres sur un ciel bleu admirable.

3. Alphonse Daudet, *Le Trésor d'Arlatan*, Paris, 1897.

Les côtes de France

La France est bordée par plus de 4 000 km de côtes,
sans compter celles des départements d'outre-mer.
Quels en sont les principaux aspects ?

ACTIVITÉS

1. Le tunnel sous la Manche se trouve à l'est du cap Gris-Nez. Comment aurait-il dû s'appeler ?

2. Pourquoi les côtes de la Manche sont-elles plus longues que les côtes de l'océan Atlantique ?

3. En comparant la photographie 2 et la carte 4, indique la hauteur des falaises. Quel est le bâtiment au centre de la photographie ?

4. En t'aidant du texte, explique pourquoi on appelle souvent les côtes rocheuses des « côtes sauvages » (doc. 5).

La France est bordée par quatre mers : la mer du Nord, la Manche, l'océan Atlantique et la mer Méditerranée.

Les aspects du littoral français sont variés : côtes basses avec plages, dunes et marais ; côtes rocheuses avec falaises, pointes et criques, et baies sableuses.

Le littoral est souvent très découpé le long des côtes rocheuses. Il est rectiligne le long des côtes basses.

LEXIQUE baie, crique, dune, falaise, littoral.

1. Le littoral à Lacanau-Océan (Gironde).

2. La pointe de Pen Men, côte sauvage, au nord-ouest de l'île de Groix (Morbihan).

	Localisation	Longueur
Mer du Nord	de la Belgique au cap Gris-Nez	60 km
Manche	du cap Gris-Nez à la pointe Saint-Mathieu	1 060 km
Océan Atlantique	de la pointe Saint-Mathieu à l'Espagne	615 km
Mer Méditerranée	de l'Espagne à l'Italie	1 385 km
	Corse	1 050 km

3. Les côtes de la France.

4. Carte au 1 : 25 000.

UN GÉOGRAPHE À LA POINTE DU RAZ (Finistère)

Là, le spectacle de la mer bouleversé par la tempête est vraiment formidable : quoique le sentier suive la crête du promontoire à 80 mètres de hauteur, on y est cependant couvert de l'embrun des vagues et l'on sent distinctement le sol frémir sous ses pieds.

Dans le cap même, s'ouvre un abîme : l'Enfer de Plogoff, au fond duquel les lames s'entre-heurtent dans un bruit de tonnerre. Non loin est la terrible baie des Trépassés, où les matelots entendent souvent les plaintes des noyés mêlées aux voix stridentes de l'orage et au grincement des galets froissés contre les rocs.

5. Élisée RECLUS décrivant la région de la pointe du Raz (1877).

Les littoraux de France : la part des hommes

Depuis longtemps les hommes utilisent la mer.
Ces activités transforment le littoral.
Quelles sont-elles ?

1. Le port de Barfleur (Manche).

ACTIVITÉS

❶ Les bateaux du port de Barfleur ont-ils tous la même taille ? et dans le port du Havre ? (doc. 1 et 2)

❷ Observe la photographie du Cap-d'Agde. Le plan d'eau à l'intérieur des terres est-il naturel ? À quoi sert-il ? (doc. 3)

❸ Repère et localise, sur le document 3 : les campings, les caravanings, les parkings, les petites résidences, les grands immeubles…

La pêche est la principale activité d'exploitation des produits de la mer. Les ports de pêche sont nombreux dans les baies abritées des côtes bretonnes et le long de la Manche et de la mer du Nord. Mais les ressources en poissons s'épuisent et il faut maintenant aller le pêcher de plus en plus loin.

2. Le port du Havre (Seine-Maritime).

Les transports par la mer se sont beaucoup développés. Pétrole, blé, fer, charbon, automobiles et beaucoup d'autres produits arrivent en France ou la quittent à partir de grands ports comme Le Havre, Dunkerque ou Marseille.

En été, des millions de touristes profitent de la mer et de ses plages.

Transports maritimes, tourisme, pêche sont les principales activités liées à la mer. Les équipements construits modifient le littoral.

3. Le Cap-d'Agde (Hérault).

Lire la ville : le centre

Le centre-ville a des caractères particuliers. Quels sont-ils ?

Dans le centre de la ville se trouve générale-lement la partie la plus ancienne de la cité. Les maisons sont vieilles, les immeubles serrés les uns contre les autres et les rues parfois étroites. La circulation automobile y est difficile. Les monuments historiques, témoignages du passé de la ville, sont nombreux.

Le centre des villes est très animé, avec ses grandes administrations, ses commerces, ses services, ses cinémas et ses restaurants. C'est le cœur de la ville : le lieu où les habitants se rencontrent.

ACTIVITÉS

1 Cherche sur la carte et relève tous les bâtiments situés dans le centre-ville. Les grands équipements du XIXᵉ siècle tels que les voies ferrées sont-ils dans le centre-ville ? Trouve d'autres équipements situés juste en dehors du centre-ville. (doc. 5)

2 À ton avis, la circulation automobile est-elle facile dans le centre de Marseille ? Explique pourquoi en utilisant la carte et les photographies. (doc. 1 à 5)

3 Fais une recherche sur l'histoire de la ville de Marseille. De quelle époque pourraient dater les « vestiges » localisés sur la carte ?

1. Le vieux port de Marseille (Bouches-du-Rhône).

2. L'hôtel de ville de Marseille.

3. L'Opéra de Marseille.

4. La rue Francis Davso à Marseille.

5. Carte de Marseille au 1 : 25 000.

Lire la ville : les banlieues

La majorité des habitants des villes habitent en dehors du centre.
Quels sont les caractères des banlieues ?

Après la Seconde Guerre mondiale, on a construit très rapidement, dans les années 1950-1970, de grands ensembles pour pouvoir loger à bon marché les familles qui vivaient dans des logements sans confort. Aujourd'hui, ces cités ont mal vieilli. Les problèmes y sont souvent nombreux. Une multitude de pavillons a été construite pour les familles plus riches, souvent sans crèches, ni écoles ou commerces aux alentours.

De petits villages sont devenus en quelques années de grandes villes.

On habite « ici » mais le travail est « là ». Cela nécessite des temps de transport parfois longs pour se rendre au travail. Les transports individuels en voiture ont été très longtemps privilégiés. Les autoroutes traversent les communes comme des cicatrices et provoquent embouteillages et pollutions.

Les commerces des centres des communes de banlieue ont du mal à survivre en face des énormes centres commerciaux qui ont été construits ; les cinémas ont disparu à cause de la concurrence des grandes salles. Il est parfois difficile de trouver à se distraire le mercredi, le week-end et le soir.

Se loger, travailler, se déplacer et se distraire : tels sont les grands problèmes que rencontrent les millions de « banlieusards ».

1. Quartier Maison Blanche à Reims (Marne).

LA « CITÉ BLEUE »

« Quand on est arrivé ici il y a 40 ans, c'était un vrai paradis. La salle de bains, l'eau chaude et une chambre pour chaque enfant. Un vrai rêve. On surnommait même le quartier « la cité bleue ». Pour la première fois on avait un peu de confort. Avant on vivait dans de véritables taudis sans WC à l'intérieur, avec juste un point d'eau froide dans la cuisine. Pendant 20 ans, la vie ici était un vrai rêve, tout le monde se connaissait et il y avait une aire de jeux pour les enfants. C'est quand le chômage est arrivé que la situation a commencé à changer. Certains ont commencé à ne plus pouvoir payer et les cages d'escaliers ont commencé à se dégrader, les bâtiments vieillissaient mal. Et puis, tous les pauvres dont Paris ne voulait plus ont été installés ici. Ceux qui pouvaient acheter un petit pavillon sont partis.

Résultat, il n'est plus resté que les familles à problèmes et ceux qui ne pouvaient pas se loger ailleurs. Pas étonnant qu'il y ait des problèmes dans cette cité. »

2. Témoignages d'anciens habitants des « 4 000 » à La Courneuve (Seine-Saint-Denis).

ACTIVITÉS

① Y a-t-il, dans ta ville ou près de chez toi, des quartiers pavillonnaires ? des grands ensembles ? Renseigne-toi pour connaître la date de construction de ces grands ensembles.

❷ Lis le document 2. Pourquoi surnommait-on cette cité « la cité bleue » ? Les gens étaient-ils contents d'y habiter ? Pourquoi ? Et aujourd'hui ? Pourquoi ?

❸ Retrouve sur la photographie de Fontenay-sous-Bois ci-contre, les éléments suivants :
- le centre commercial,
- le cimetière,
- l'autoroute,
- le parking du centre commercial,
- le centre administratif,
- la zone pavillonnaire,
- les résidences collectives,
- les grands ensembles.

3. Fontenay-sous-Bois, au nord-est de Paris (Val-de-Marne).

La ville nouvelle

Des banlieues, on en trouve dans toutes les agglomérations urbaines, mais la ville nouvelle est un peu particulière. Qu'est-ce qui les différencie ?

1. Val-de-Reuil (Eure) en 1973.

2. Val-de-Reuil en 1985.

Les villes se sont développées autour d'un centre parfois très ancien. En s'étendant, elles ont englobé des villages qui existaient auparavant pour former une agglomération urbaine.

La ville nouvelle a été créée par la volonté de l'État à partir de 1965 à partir de… rien ou presque. Val-de-Reuil n'avait que 398 habitants en 1968. Cette ville surgie des champs en compte aujourd'hui 13 000.

En région parisienne, des villes nouvelles ont été construites loin du centre, sur des champs. D'autres villes nouvelles ont été créées ; c'est le cas de L'Isle-d'Abeau près de Lyon, Villeneuve-d'Ascq près de Lille, l'étang de Berre près de Marseille et Val-de-Reuil près de Rouen.

ACTIVITÉS

❶ À quelles distances du centre de Paris se trouvent les « villes nouvelles » ? (doc. 4)

❷ Calcule le nombre total d'habitants des villes nouvelles à chaque date. Indique les calculs te permettant de dire quelle est la ville qui a vu sa population augmenter le plus entre 1968 et 1999. (doc. 5)

❸ Qu'y avait-il à Val-de-Reuil avant la ville nouvelle ? (doc. 1 et 2)

❹ Pourquoi dit-on souvent que les « villes nouvelles » sont des villes « sans mémoire » ? (doc. 3)

❺ Décris la photographie du centre d'Évry. Essaye de deviner où sont la cathédrale et la mairie. Est-on obligé de traverser les rues pour passer d'un bâtiment à l'autre ? (doc. 6)

EN 1978

Pour le soixantième anniversaire de l'armistice du 11 novembre, les anciens combattants de la ville nouvelle d'Évry ont prévu un rassemblement. Mais ils ne savent pas où rendre les honneurs à leurs camarades morts à la guerre. Aucun monument aux morts ne rassemble les « Tombés au combat » de la ville nouvelle.

3. Article de la presse locale.

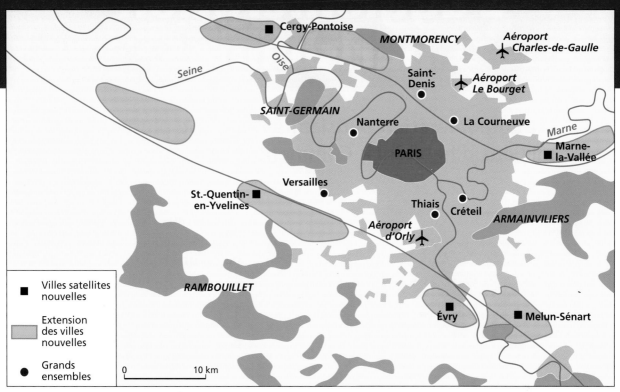

4. Schéma d'aménagement de l'agglomération parisienne.

Elles devaient, en quelques dizaines d'années, devenir de « vraies » villes avec un centre, des commerces, des équipements collectifs et des emplois pour les habitants. Trente ans après, les « villes nouvelles » sont des villes à part entière, avec une architecture moderne, mais ce sont des villes qui ont souvent des problèmes.

	1968	1975	1982	1990	1999
Cergy-Pontoise	42	69	103	159	179
Évry	8	22	47	73	80
Marne-la-Vallée	86	103	153	211	247
Melun-Sénart	17	29	48	82	93
Saint-Quentin-en-Yvelines	25	50	94	129	143

5. Évolution de la population des villes nouvelles de la région parisienne (en milliers d'habitants).

6. Évry, ville nouvelle, la mairie et la cathédrale (Essonne).

L'agglomération parisienne

L'agglomération parisienne regroupe plusieurs millions d'habitants. Comment est-elle organisée ?

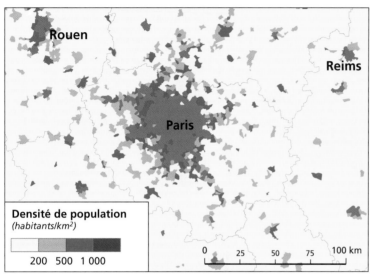

1. Densité de la population autour de Paris.

Avec plus de dix millions d'habitants, l'agglomération parisienne est une métropole européenne et même mondiale.

Dans la très grande agglomération, il existe une multiplication des centres.

Le centre historique est constitué par le vieux Paris. Le centre des décisions se trouve à La Défense où sont regroupés les sièges des grandes entreprises.

	Population
1800	550 000
1850	1 050 000
1900	2 500 000
1950	6 600 000
2000	9 650 000

2. Deux siècles d'évolution de la population de l'agglomération parisienne.

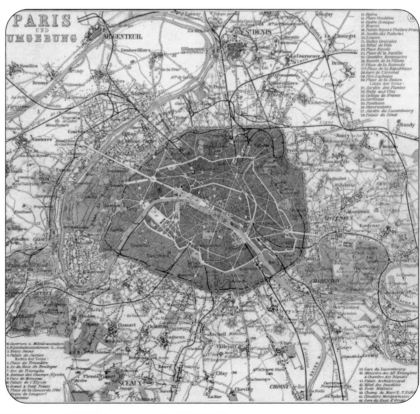

3. Paris en 1907 (carte au 1 : 200 000).

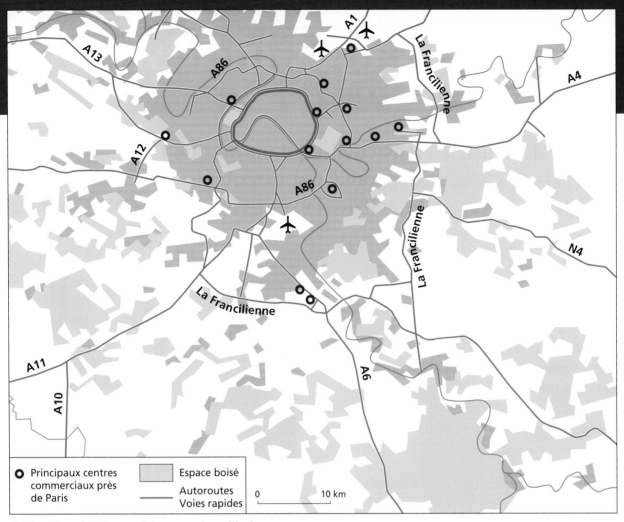

Légende :
- **Principaux centres commerciaux près de Paris**
- Espace boisé
- Autoroutes / Voies rapides

0   10 km

4. L'agglomération parisienne aujourd'hui.

En périphérie, ont surgi d'énormes centres commerciaux où les habitants viennent aussi se détendre dans de véritables usines comportant parfois plus de vingt salles de cinéma au même endroit.

Les quartiers sont reliés entre eux par des autoroutes ou des voies rapides.

La grande ville se lit à travers les paysages mais aussi à travers les activités et les fonctions de chaque quartier.

ACTIVITÉS

❶ Calcule l'augmentation de la population entre deux dates. Indique si la population a été multipliée par plus ou moins de deux entre deux dates successives. (doc. 2)

❷ En 1907, qu'est-ce qui entoure la commune de Paris ? Que trouve-t-on tout autour de Paris, sur les buttes ? (doc. 3)

❸ Aujourd'hui, sur quelle distance s'étend l'agglomération parisienne ? (Fais attention aux échelles, doc. 1 et 4.)

❹ Décris le paysage du quartier de La Défense. Qu'y avait-il en 1907 ? (doc. 3 et 5)

5. La Défense au nord-ouest de Paris (Hauts-de-Seine).

Les paysages industriels

**L'industrie est l'activité qui permet de fabriquer des produits et des objets.
Quelles traces cette activité laisse-t-elle dans les paysages ?**

Pour fabriquer des objets, on a besoin de matières premières qui n'existent pas forcément sur place. On a besoin de machines et d'hommes pour les faire fonctionner. On a aussi besoin de consommateurs qui achètent les produits fabriqués. Tous ces besoins nécessitent de l'espace (les ateliers, les usines) et des services (pour stocker, pour transporter).

Au XIXe siècle, les usines étaient construites près des matières premières telles que le charbon ou le minerai de fer. Les ouvriers habitaient à proximité des usines. Dans les régions où l'industrie était importante comme dans le Nord ou en Lorraine, beaucoup d'usines ont été fermées et laissées à l'abandon. Ce sont maintenant des friches industrielles.

1. Friche industrielle (Lorraine).

LEXIQUE **matières premières.**

ACTIVITÉS

① Imagine que tu es fabricant de papier. Tu as besoin de bois venant du Canada, de beaucoup d'eau, d'ouvriers et d'acheteurs. Où vas-tu installer ton usine ? Explique ton choix.

❷ Quels indices te montrent que l'usine est abandonnée ? Regarde dans un dictionnaire les différents sens du mot « friche ». (doc. 1)

❸ Sur quel fleuve est située cette zone industrielle (aide-toi de la légende) ? Les plans d'eau sont-ils naturels ? À ton avis, à quoi servent-ils ? (doc. 2)

❹ Que fabrique-t-on dans cette usine ? Quel moyen de transport achemine les matières premières jusqu'à l'usine ? (doc. 3)

2. Le port et la zone industrielle de Gennevilliers (Hauts-de-Seine).

Aujourd'hui, les usines sont implantées dans de vastes zones industrielles, près des ports ou le long des fleuves. Les matières premières y arrivent et les produits fabriqués en partent facilement par bateaux. On trouve aussi de petites usines près des autoroutes.

3. Usine LU à Ris-Orangis (Essonne).

Le bourg

**Les commerces, les services et les équipements
ne sont pas les mêmes dans les hameaux, les bourgs,
les villes et les grandes agglomérations
de plusieurs centaines de milliers d'habitants.
Qu'est-ce qu'un bourg et qu'y trouve-t-on ?**

Creully est une commune qui compte 1 426 habitants. On y trouve la mairie, une école, un collège, un bureau de poste, une pharmacie et d'autres commerces et équipements. Tierceville ne compte que 138 habitants et n'a ni pharmacie, ni médecins. En cas de besoin, les habitants de Tierceville, des petits villages ou hameaux voisins se rendent à Creully. C'est un bourg. En France en moyenne, où que l'on soit, il y a un bourg à moins de dix kilomètres.

Dans les bourgs on trouve tous les équipements ou commerces dont on a besoin presque tous les jours.

ACTIVITÉS

1 En utilisant la carte 2, les photographies et le texte, fais la liste de tout ce que l'on trouve à Creully, à Tierceville, à Villiers-le-Sec et à Saint-Gabriel.

2 Sur la carte, les écoles sont notées « Ec. ». Y a-t-il une école à Tierceville ? À Saint-Gabriel ? À Villiers-le-Sec ?

3 Combien de kilomètres les enfants de Tierceville et des communes dépourvues d'écoles doivent-ils parcourir pour se rendre à l'école ? (doc. 2)

LEXIQUE   **bourg.**

1. Visages du bourg de Creully (Calvados).

2. Carte au 1 : 25 000 des environs de Creully.

La petite ville

Quand les habitants des villages et des bourgs
ne trouvent pas sur place les services ou les commerces
dont ils ont besoin, ils se rendent
dans la petite ville voisine.
À quoi ressemble-t-elle et qu'y trouve-t-on ?

Bayeux compte près de 15 000 habitants. Des habitations de communes voisines touchent la commune de Bayeux. L'ensemble forme une agglomération urbaine de 17 500 habitants.

La petite ville se compose de différents quartiers : centre-ville historique, quartier moderne, grands ensembles, zones industrielles, quartiers pavillonnaires et centres commerciaux.

En plus des commerces et services que l'on trouve dans les bourgs, on trouve des lycées, des hôpitaux, des musées.

LEXIQUE agglomération.

ACTIVITÉS

❶ Sur du papier calque, trace les grandes routes qui entourent Bayeux ou qui y conduisent. Marque d'un point noir la cathédrale. Colorie en gris la zone qui te semble correspondre au centre-ville. Colorie en rouge tous les équipements sportifs (terrains de football, stades, etc.). Mets du jaune sur les autres équipements. Sous ton croquis, reproduis l'échelle graphique et imagine une légende. Avant de le coller sur ton cahier, pose-le sur la carte de Creully et compare les surfaces occupées par les habitations et les autres équipements. (doc. 2 page 127)

1. Quelques aspects de Bayeux (Calvados) : vue générale et la vieille ville.

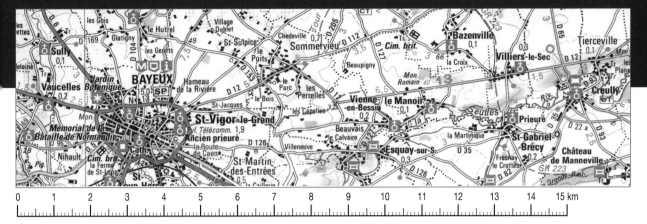

2. Carte au 1 : 100 000 des environs de Bayeux.

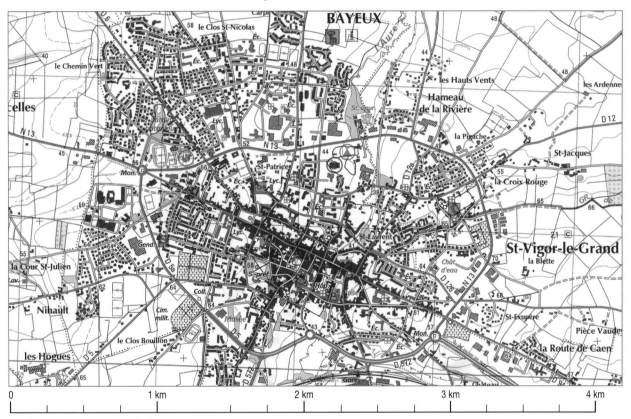

3. Carte au 1 : 25 000 de Bayeux.

ACTIVITÉS

❷ Observe les cartes 2 et 3, puis indique les noms des communes dont les habitations touchent celles de Bayeux.

❸ En t'aidant des cartes, des photographies et du texte, fais la liste de ce que l'on trouve dans l'agglomération urbaine de Bayeux et que l'on ne trouve pas dans les bourgs.

Du bourg à la capitale régionale : la capitale régionale

Caen est la plus peuplée des agglomérations urbaines de la région Basse-Normandie. Quels services trouve-t-on dans une capitale régionale ?

La commune de Caen compte 114 000 habitants, mais l'ensemble de l'agglomération urbaine en regroupe près de 370 000.
On peut facilement se rendre à Caen grâce à l'autoroute, à de grandes routes nationales et à l'aéroport. On y trouve aussi de nombreux hôpitaux et une université fréquentée par les jeunes de Creully ou de Bayeux pour leurs études.

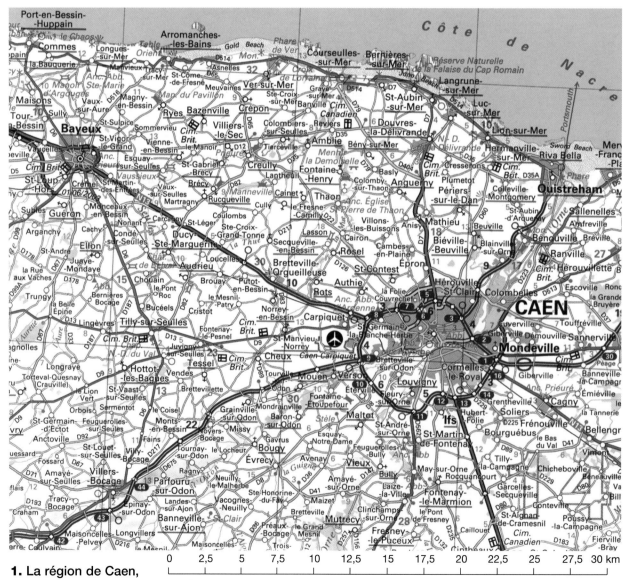

1. La région de Caen, carte au 1 : 250 000 (Calvados).

1 Compte et reporte le nombre de grandes routes qui existent pour aller à Caen, à Bayeux et à Creully. (doc. 1)

2 Quelle distance les jeunes de Bayeux doivent-il parcourir pour aller étudier à l'université de Caen ? L'université est située au centre de la ville, près de la cathédrale. (doc. 1)

3 Repère et indique sur la photographie de Caen où se trouvent les différents quartiers (centre-ville, grands ensembles…). (doc. 2)

Tous ces équipements servent à l'ensemble des habitants du département du Calvados et même au-delà.

LEXIQUE   **capitale régionale, urbaine.**

2. L'agglomération de Caen vue d'avion.

Du hameau à la capitale régionale : quelles différences ?

Bourgs, petites villes, villes moyennes et capitale régionale forment un réseau urbain. Qu'est-ce qui distingue un hameau d'une grande ville ?

Dans les villages, on trouve les services et les commerces dont on a besoin presque quotidiennement.

Dans un bourg ou une petite ville, on trouve des services et des commerces dont on a moins fréquemment besoin.

Dans une ville moyenne, sont installés des commerces spécialisés et la plupart des services de l'État.

La capitale régionale est au sommet de la hiérarchie urbaine. On y trouve tous les commerces et services les plus rares.

1. Ce que l'on peut trouver dans un village ou une ville.

	POPULATION	AÉROPORT	AGENCE DE VOYAGES	BANQUE	BUREAU DE POSTE	COLLÈGE	COMMERCES	ÉCOLE	HYPER/SUPERMARCHÉ	LYCÉE	MÉDECIN	STUDIO DE TÉLÉVISION	UNIVERSITÉ	PISCINE
ASNELLES	571				■		■							
BALLEROY	787				■		■				■			
BAVENT	1 723				■		■							
BAYEUX	14 961	■		■	■		■				■			
BERNIÈRES-LE-PATRY	502				■		■							
BLANGY-LE-CHÂTEAU	627				■		■				■			
BONNEVILLE-LA-LOUVET	667				■		■							
BOURGUEBUS	1 074				■		■							
BRETTEVILLE-SUR-LAIZE	1 504				■		■							
CAEN	113 987	■	■	■	■		■				■			
CARDONVILLE	78													
CARTIGNY-L'ÉPINAY	279													
CAUMONT-L'ÉVENTÉ	1 192				■		■				■			
CAUMONT-SUR-L'ORNE	75						■							
CREULLY	1 426			■	■		■							
DOZULÉ	1 615			■	■		■							
ESPINS	229													
GRAINVILLE-LA-GANNERIE	522			■			■							
LA CAINE	93													
LA VILLETTE	153													
LE-MESNIL-CAUSSOIS	103													
LES LOGES	115													
LES OUBEAUX	232													
LE TOURNEUR	500				■		■							
LISIEUX	23 166	■		■	■		■				■			■
LISORES	260													
MONTCHAMP	521				■		■							
NOTRE-DAME-DE-LIVAYE	130													
PONT-BELLANGER	87													
ST-GERMAIN-DE-MONTGOMMERY	163													
ST-PIERRE-DU-MONT	85													
SULLY	148													
SURVILLE	361													
THURY-HARCOURT	1 825			■	■		■				■			
TIERCEVILLE	138													
TORTISAMBERT	149													
TOUFFREVILLE	292													
TREPEL	108													
TRUTTEMER-LE-PETIT	115													
VILLERS-BOCAGE	2 904			■	■		■							
VIRE	12 815			■	■		■				■			

ACTIVITÉS

1. Comment sont classées les communes dans le tableau ? (doc. 1)

2. Y a-t-il un collège à Bavent ?

3. Combien y a-t-il de catégories différentes du hameau à la capitale régionale ?

4. Quelle est la plus petite des communes – par sa population – comportant une école ? un médecin ? un lycée ? (doc. 2)

5. Boulangerie, théâtre, restaurant japonais, librairie, pédiatre, patinoire, épicerie, bureau de poste, banque : dans quel type de commune est établi chacun de ces commerces et services ?

6. Dresse la liste des commerces et services présents dans ta commune ou dans l'agglomération urbaine dont elle fait partie. Dans quelle catégorie la mettrais-tu ?

2. Les villes et les villages du département du Calvados.

Colonnes : COMMERCES, ÉCOLE, BUREAU DE POSTE, MÉDECIN, COLLÈGE, PISCINE, AGENCE DE VOYAGES, BANQUE, HYPER/SUPERMARCHÉ, LYCÉE, AÉROPORT, STUDIO DE TÉLÉVISION, UNIVERSITÉ

COMMUNE	POPULATION	CATÉGORIE
CAEN	113 987	CAPITALE RÉGIONALE
LISIEUX	23 166	VILLES MOYENNES
BAYEUX	14 961	VILLES MOYENNES
VIRE	12 815	VILLES MOYENNES
VILLERS-BOCAGE	2 904	PETITES VILLES ET BOURGS
THURY-HARCOURT	1 825	PETITES VILLES ET BOURGS
DOZULÉ	1 615	PETITES VILLES ET BOURGS
BRETTEVILLE-SUR-LAIZE	1 504	PETITES VILLES ET BOURGS
CREULLY	1 426	PETITES VILLES ET BOURGS
CAUMONT-L'ÉVENTÉ	1 192	PETITES VILLES ET BOURGS
BLANGY-LE-CHÂTEAU	627	PETITES VILLES ET BOURGS
BAVENT	1 723	PETITES VILLES ET BOURGS
BALLEROY	787	PETITES VILLES ET BOURGS
BOURGUEBUS	1 074	VILLAGES
BONNEVILLE-LA-LOUVET	667	VILLAGES
ASNELLES	571	VILLAGES
GRAINVILLE-LA-GANNERIE	522	VILLAGES
MONTCHAMP	521	VILLAGES
BERNIÈRES-LE-PATRY	502	VILLAGES
LE TOURNEUR	500	VILLAGES
SURVILLE	361	HAMEAUX ET PETITS VILLAGES
TOUFFREVILLE	292	HAMEAUX ET PETITS VILLAGES
CARTIGNY-L'ÉPINAY	279	HAMEAUX ET PETITS VILLAGES
LISORES	260	HAMEAUX ET PETITS VILLAGES
LES OUBEAUX	232	HAMEAUX ET PETITS VILLAGES
ESPINS	229	HAMEAUX ET PETITS VILLAGES
ST-GERMAIN-DE-MONTGOMMERY	163	HAMEAUX ET PETITS VILLAGES
LA VILLETTE	153	HAMEAUX ET PETITS VILLAGES
TORTISAMBERT	149	HAMEAUX ET PETITS VILLAGES
SULLY	148	HAMEAUX ET PETITS VILLAGES
TIERCEVILLE	138	HAMEAUX ET PETITS VILLAGES
NOTRE-DAME-DE-LIVAYE	130	HAMEAUX ET PETITS VILLAGES
LES LOGES	115	HAMEAUX ET PETITS VILLAGES
TRUTTEMER-LE-PETIT	115	HAMEAUX ET PETITS VILLAGES
TREPEL	108	HAMEAUX ET PETITS VILLAGES
LE-MESNIL-CAUSSOIS	103	HAMEAUX ET PETITS VILLAGES
LA CAINE	93	HAMEAUX ET PETITS VILLAGES
PONT-BELLANGER	87	HAMEAUX ET PETITS VILLAGES
ST-PIERRE-DU-MONT	85	HAMEAUX ET PETITS VILLAGES
CARDONVILLE	78	HAMEAUX ET PETITS VILLAGES
CAUMONT-SUR-L'ORNE	75	HAMEAUX ET PETITS VILLAGES

1 – STRUCTURES DE BASE   2   3   4 – SERVICES MÉTROPOLITAINS

ÉQUIPEMENTS SCOLAIRES, DE SANTÉ ET DE LOISIRS   STRUCTURES DIVERSIFIÉES

Du bourg à la capitale régionale : quelles localisations ?

Tous les hameaux, villages et villes
n'offrent pas les mêmes services.
Certaines villes sont mieux équipées que d'autres.
Sont-elles nombreuses et où se trouvent-elles ?

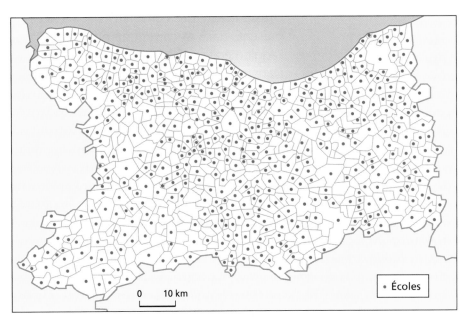

1. Les écoles dans le département du Calvados.

ACTIVITÉS

❶ Peux-tu compter les écoles sur la carte ? Pourquoi ? (doc. 1)

❷ Combien de communes ont un collège ? un lycée ? une université ? (doc. 2 et 3)

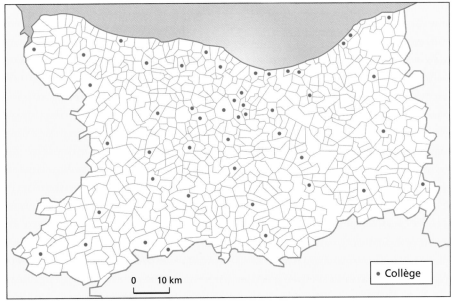

2. Les collèges dans le département du Calvados.

ACTIVITÉS

❸ Quelle est la plus grande distance à parcourir pour se rendre au collège ? (doc. 2)

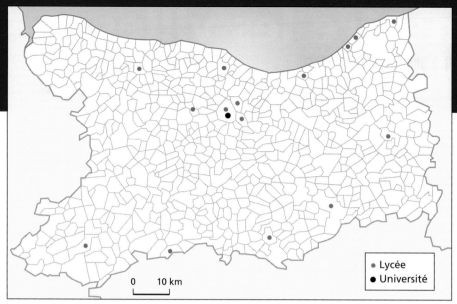

3. Les lycées et l'université dans le département du Calvados.

ACTIVITÉS

❹ Quelle est la plus grande distance à parcourir pour aller au lycée ? à l'université ? (doc. 3)

Oₙ a interrogé les habitants du département du Calvados pour savoir où ils allaient faire leur marché, acheter un livre ou se faire soigner. En traçant des traits entre les communes où ils habitent et la ville fréquentée, on dessine l'aire d'influence de la ville.

Lₑs villes forment des pôles qui, comme des aimants, attirent la population. Chaque pôle peut à son tour être attiré par un pôle plus important.

Pₗᵤₛ une ville est peuplée, plus son aire d'influence est vaste. Un bourg attire les habitants des villages et hameaux voisins.

Lₐ grande ville attire les habitants du département tout entier.

LEXIQUE **aire d'influence, pôle.**

ACTIVITÉS

❺ Pour chacune des catégories définies page 133, indique les différentes longueurs des étoiles.

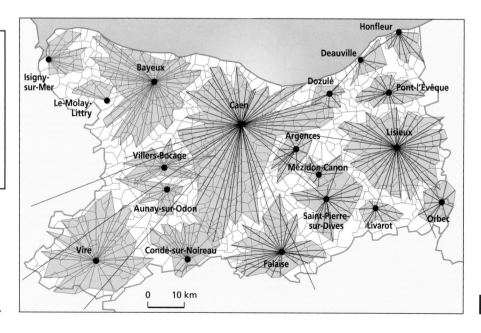

4. Les villes normandes et leurs aires d'influence.

Remettre les villes dans le bon ordre

Bourgs, petites et grandes villes
de Normandie forment un réseau urbain.
En est-il de même pour les autres régions
de France ?

Les petites villes autour de 10 000 habitants sont très nombreuses en France. Elles forment le premier niveau de la hiérarchie urbaine. Le deuxième niveau est constitué par les villes moyennes, autour de 50 000 habitants. Leurs zones d'influence correspondent généralement à la taille du département. Au-dessus, on trouve une vingtaine de grandes agglomérations urbaines : les métropoles régionales.

L'agglomération parisienne est au sommet du réseau urbain. Avec plus de dix millions d'habitants, elle est une grande métropole européenne et même mondiale.

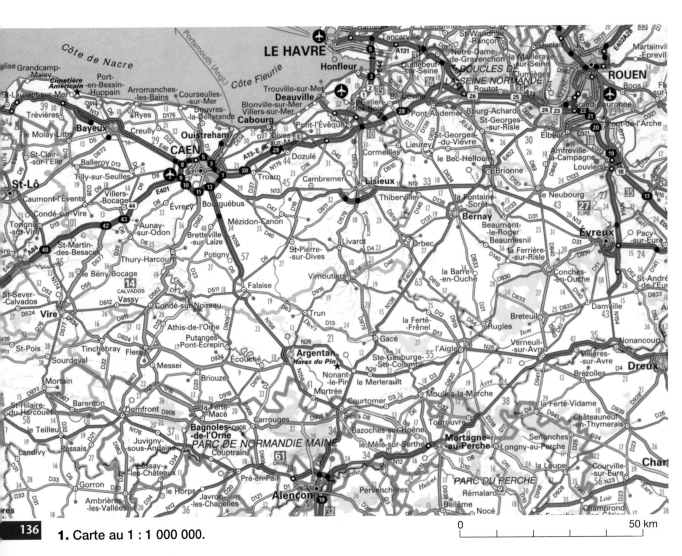

1. Carte au 1 : 1 000 000.

0   50 km

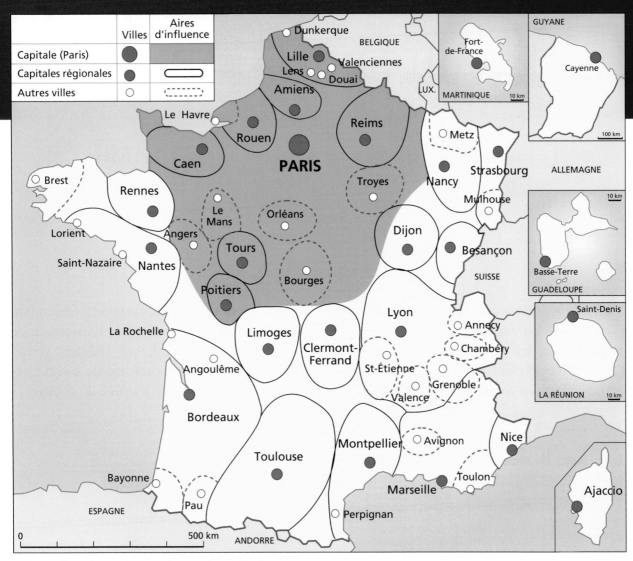

2. Les villes françaises et leurs aires d'influence.

ACTIVITÉS

① Combien y a-t-il de villes de plus de 1 000 000 d'habitants ? de plus de 100 000 habitants ? de plus de 10 000 habitants ? (doc. 3)

② Jusqu'à quelle distance l'agglomération parisienne exerce-t-elle son influence ? (doc. 2)

③ Quelles sont les capitales régionales qui subissent l'influence de Paris ? (doc. 2)

④ Après Paris, quelle est la capitale régionale qui exerce la plus grande influence sur d'autres villes ? (doc. 2)

Population (habitants)	Nombre de villes
Plus de 5 000 000	1
de 1 000 000 à 5 000 000	2
de 500 000 à 1 000 000	5
de 250 000 à 500 000	15
de 100 000 à 250 000	37
de 50 000 à 100 000	61
de 25 000 à 50 000	96
de 10 000 à 25 000	276

3. Le réseau urbain en 1999.

La France : des puzzles

Les hommes, par leurs décisions et leurs activités,
transforment la géographie de la France.
Mais, pour agir sur l'espace, il faut le découper.
Quels sont ces découpages ?

Avant la Révolution française, la France était divisée en provinces. Les habitants ne payaient pas les mêmes impôts. En 1790, l'Assemblée divisa la France en départements. Certains voulaient que les départe-ments soient tous de même taille. Finalement, on décida de tenir compte de l'histoire et de la géographie, mais chaque habitant devait pouvoir se rendre au chef-lieu de son dépar-tement en moins d'une journée de cheval.

1. Un projet de découpage de la France durant la Révolution de 1789.

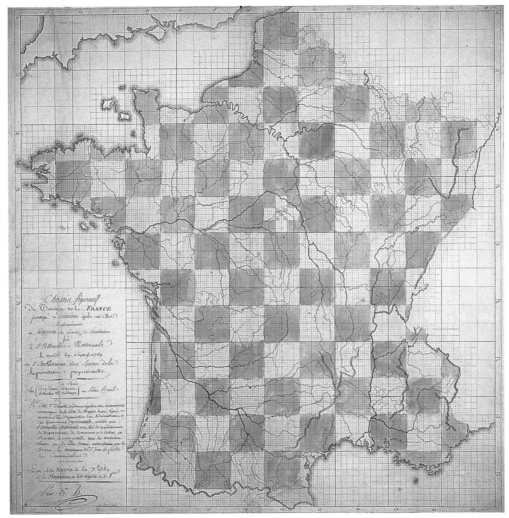

2. L'évolution de la population entre 1995 et 2005.

ACTIVITÉS

1 Compare la carte de la densité (doc. 1) avec la carte du relief de la France, page 178. Qualifie par une phrase les densités dans les départements montagneux, dans les départements côtiers.

2 Donne des exemples de départements faiblement peuplés où la population a augmenté, a diminué (pour trouver les noms des départements, regarde dans l'atlas page 179).

3 Reproduis la figure géométrique de la page 144 et colorie schématiquement en rouge les régions où la population a augmenté et en bleu celles où elle a diminué. N'oublie pas les départements d'outre-mer.

France métropolitaine	France	60 200 000
Départements d'outre-mer	Guadeloupe	440 000
	Martinique	390 000
	Guyane	190 000
	Réunion	760 000
Territoires d'outre-mer	Nouvelle-Calédonie	229 000
	Polynésie française	260 000
	Wallis-et-Futuna	15 000
	Saint-Pierre-et-Miquelon	6 000
	Mayotte	200 000
	ENSEMBLE	62 690 000

3. La population de la France en 2005 (estimations).

LEXIQUE densité, recensement.

Au recensement de 1999, on a dénombré exactement 58 518 395 habitants en France. En comptant les habitants des départements d'outre-mer nous sommes aujourd'hui plus de 61 000 000 à vivre en France.

Un Français sur cinq vit dans la Région Ile-de-France. Les autres Régions très peuplées sont le Nord - Pas-de-Calais, l'Alsace, la Lorraine, la Bretagne, Rhône-Alpes, la Provence-Alpes-Côte d'Azur et la Haute-Normandie. **Plus de la moitié de la population française se concentre sur ces huit régions.** Il faut aussi ajouter les îles d'outre-mer où la densité de population est très élevée.

Ailleurs, les Régions sont peu peuplées. En Corse, dans le Limousin, dans la Région Midi-Pyrénées et en Guyane, les densités sont très faibles.

La France : des toiles d'araignées

Les voies de communication forment des « réseaux ».
Quels aspects ont ces réseaux ?

Le déplacement des hommes, des voitures, des marchandises s'effectue sur des lignes : chemins, routes, voies de chemin de fer, fleuves. Ce sont les voies de communication.

Quand les trafics sont importants, les voies de communication forment des axes de communication.

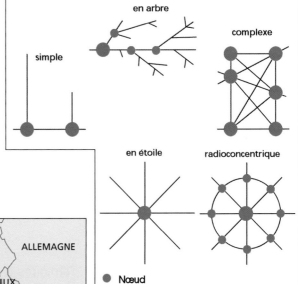

2. Les différents types de réseaux.

1. Le réseau routier en France.

Légende de la carte :
— Autoroutes
····· Autoroutes en projet
---- Autoroutes en construction
— Voies rapides

ACTIVITÉS

❶ Compare les deux cartes (doc. 1 et 3) avec la carte du relief de la page 178 et la carte des fleuves de la page 110 puis recherche et écris le nom des principales voies de communication que l'on trouve entre Rouen et Paris, entre Strasbourg et Mulhouse, entre Lyon et Marseille ? Le « couloir rhodanien » est-il un axe ?

❷ Quelles sont les régions de France où les autoroutes sont peu nombreuses ? (doc. 1)

146

Les voies de communication se croisent : carrefour pour les routes, gare de correspondance pour les trains… Ce sont des nœuds de communication.

Voies de communication, axes et nœuds forment un réseau. Certains réseaux ont des mailles très serrées comme dans une toile d'araignée. Ces réseaux, par exemple le réseau électrique ou téléphonique, permettent de toucher les espaces les plus reculés. D'autres ont des mailles très larges.

Les réseaux peuvent avoir différentes formes : simple ou complexe, en arbre, en étoile ou radioconcentrique.

En France, les réseaux de transports sont très souvent des réseaux en étoile centrés sur Paris. Les liaisons entre Paris et les autres villes sont faciles, mais les liaisons entre deux villes de province restent difficiles.

LEXIQUE **axe, nœud, réseau.**

3 Comment aller de Bordeaux à Mulhouse par le train ? et de Brest à Angers ? (doc. 3)

4 Observe la carte des fleuves et rivières de France page 110. Quelle est la forme du réseau fluvial ? du réseau routier à Caen ? (carte 1 page 130)

5 Sur les cartes 2 et 3, indique les nœuds principaux.

3. Le réseau grandes lignes de la SNCF.

Travailler dans l'agriculture

La France est un grand pays agricole. Qui sont les agriculteurs ?

TEXTE 1

J'ai 50 ans. J'ai repris la ferme de mes parents depuis 20 ans. Quand j'étais petite, cette ferme de 15 hectares faisait vivre cinq familles. Aujourd'hui, alors que nous produisons beaucoup plus, elle n'arrive même plus à nous faire vivre avec mon mari. Il a un deuxième métier et travaille comme chauffeur routier, sinon on ne s'en sortirait pas. Quand on fait les comptes, elle nous rapporte moins de 300 euros par mois...
Pourtant on a essayé de faire de la qualité et notre bétail n'a jamais mangé autre chose que de l'herbe et du foin. C'est pas pour autant que la viande nous est achetée plus cher. Avec la crise de la vache folle, personne ne fait la différence entre de la bonne viande et de la vache laitière.
J'ai deux enfants, le premier a son bac et travaille dans l'administration. Le deuxième a fait le lycée agricole mais aujourd'hui, à nous voir trimer comme des esclaves, il se demande s'il va se lancer dans le métier. C'est la dernière ferme du village. C'est terrible de se dire qu'après nous, il n'y aura peut-être plus de paysans dans le village.

1. Sylvie, agricultrice dans le Limousin.

L'agriculture de la France est la plus importante de tous les pays de l'Union européenne. En moins d'un demi-siècle, elle s'est beaucoup modifiée.

Aujourd'hui, on produit beaucoup plus avec beaucoup moins d'exploitants agricoles. En 1955, on comptait trois fois plus d'exploitations qu'aujourd'hui.

2. Une grande exploitation dans le Bassin parisien.

3. Une petite exploitation dans la vallée d'Aspe (Pyrénées).

Les petites et moyennes exploitations sont celles dont le nombre a le plus diminué. Elles restent nombreuses dans l'ouest et le sud-ouest de la France. **Les grandes exploitations sont surtout présentes dans le Bassin parisien.**

	1955	1988	2000
Petites exploitations	800 000	280 000	190 000
Moyennes exploitations	1 400 000	550 000	270 000
Grandes exploitations	100 000	170 000	200 000
Ensemble	2 300 000	1 000 000	660 000

4. L'évolution du nombre d'exploitations agricoles en France.

TEXTE 2

J'ai 58 ans. Mon exploitation fait près de 400 hectares. Je fais de la luzerne et de la betterave fourragère qui sert ensuite comme aliment pour le bétail. Depuis cinq ans je gère toute l'exploitation par informatique : je sais exactement la quantité d'engrais, d'insecticide et d'eau que je mets sur chaque parcelle.

Les nouvelles variétés ont des rendements excellents. Quand les OGM seront autorisés, je compte bien en profiter. Ma femme a un BTS de comptabilité : c'est elle qui s'occupe de la gestion financière de l'exploitation. Mes quatre enfants ont tous fait l'université. La première est pharmacienne, le deuxième a un poste de responsabilité dans une firme américaine, la troisième est avocate et le dernier est ingénieur agronome à Montpellier.

L'exploitation me rapporte 3 500 euros nets par mois et j'ai pour plus de 500 000 euros de matériel. Avec ma moissonneuse, je fais en un jour le travail de dix salariés agricoles pendant dix jours.

Mon père était paysan mais moi je suis un vrai chef d'entreprise.

5. Pierre, agriculteur en Champagne.

LEXIQUE OGM.

ACTIVITÉS

1 Combien d'exploitations ont disparu entre 1955 et 2000 ? Combien de petites ? Combien de moyennes ? (doc. 4)

2 Dresse un tableau de comparaison entre Sylvie et Pierre : âge, surface de l'exploitation, profession du mari et de la femme, situation des enfants… (doc. 1 et 5)

3 Dresse la liste des indices te permettant de dire que la photographie 2 se rapporte à une grande exploitation moderne et la photographie 3 à une petite exploitation traditionnelle.

Regards sur l'agriculture en France et en Europe

L'Europe est la principale puissance agricole
du monde avec les États-Unis.
Où sont produites les principales cultures ?

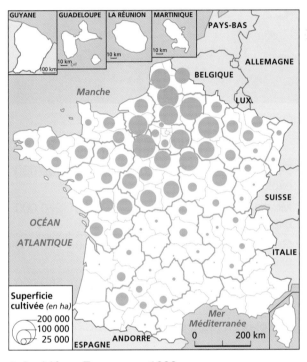

1. Le blé en France, en 1999.

2. Le maïs en France, en 1999.

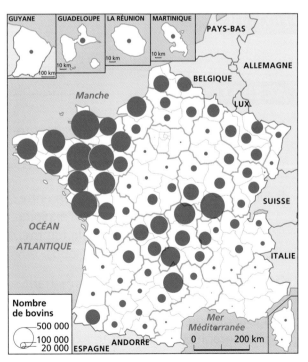

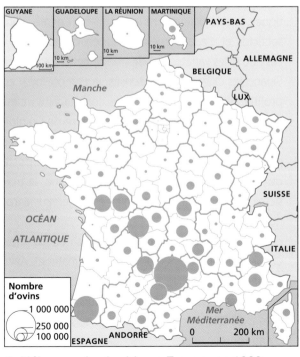

3. L'élevage bovin en France, en 1999.

4. L'élevage des brebis en France, en 1999.

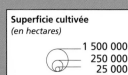
5. Le blé en Europe, en 1999.

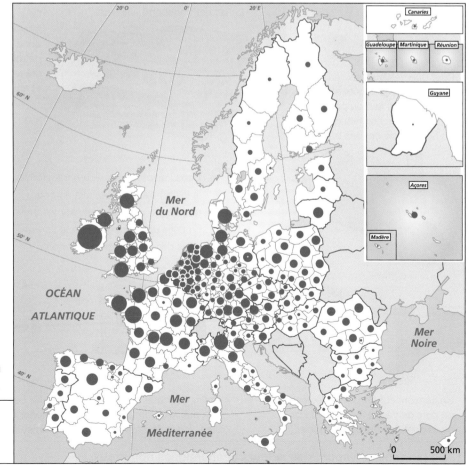

ACTIVITÉS

1 Pour la France : cite trois principales régions de production pour chaque carte. (doc. 1, 2, 3 et 4)

2 Pour l'Europe : donne le nom des trois principaux pays de production pour chaque carte. (doc. 5 et 6)

6. L'élevage bovin en Europe, en 1999.

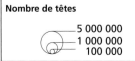

Nombre de têtes

5 000 000
1 000 000
100 000

Du producteur au consommateur : une longue chaîne

Manger un yaourt ou lire un livre, tu le fais chaque jour. Cependant, connais-tu toute la chaîne qui permet aux produits d'arriver jusque dans ton assiette ou dans tes mains ?

Personne ne travaille tout seul dans son coin. Quel que soit son travail, on a besoin des autres pour vendre, transporter, réparer ce qui a été fabriqué. On a besoin des autres pour se soigner, se distraire et pour apprendre.

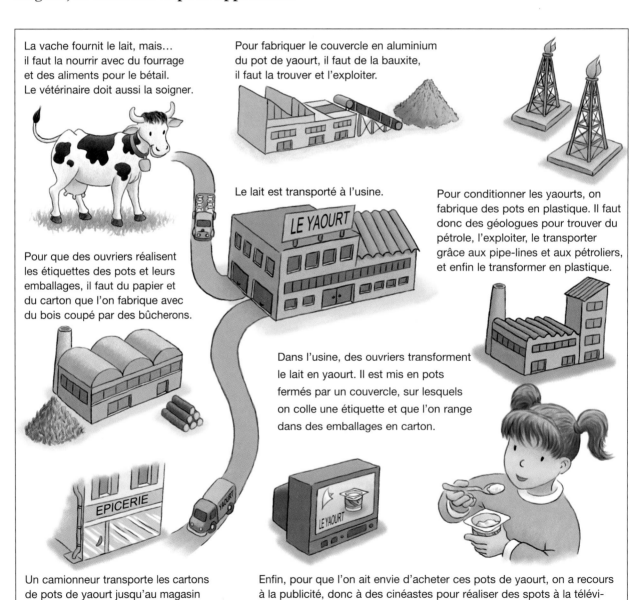

La vache fournit le lait, mais… il faut la nourrir avec du fourrage et des aliments pour le bétail. Le vétérinaire doit aussi la soigner.

Pour fabriquer le couvercle en aluminium du pot de yaourt, il faut de la bauxite, il faut la trouver et l'exploiter.

Le lait est transporté à l'usine.

Pour conditionner les yaourts, on fabrique des pots en plastique. Il faut donc des géologues pour trouver du pétrole, l'exploiter, le transporter grâce aux pipe-lines et aux pétroliers, et enfin le transformer en plastique.

Pour que des ouvriers réalisent les étiquettes des pots et leurs emballages, il faut du papier et du carton que l'on fabrique avec du bois coupé par des bûcherons.

Dans l'usine, des ouvriers transforment le lait en yaourt. Il est mis en pots fermés par un couvercle, sur lesquels on colle une étiquette et que l'on range dans des emballages en carton.

LE YAOURT

EPICERIE

Un camionneur transporte les cartons de pots de yaourt jusqu'au magasin où ils sont vendus par un épicier.

Enfin, pour que l'on ait envie d'acheter ces pots de yaourt, on a recours à la publicité, donc à des cinéastes pour réaliser des spots à la télévision, à des photographes, des imprimeurs et des colleurs d'affiches.

1. De la vache au yaourt, des acteurs économiques nombreux.

1. Dans la chaîne qui va de la vache au yaourt dans ton assiette, relève le nom de deux métiers dans chacun des trois secteurs. (doc. 1)

2. Fais le même schéma que pour le yaourt pour une boîte de raviolis, des biscuits pour le goûter. N'oublie pas de regarder la composition sur les emballages.

3. En 1901, quel secteur est le plus important ? le moins important ? En 1946 ? Et aujourd'hui ? (doc. 2 à 4)

4. Que s'est-il passé pour l'industrie de 1901 à 1962 ? Et depuis ? (doc. 2 à 4)

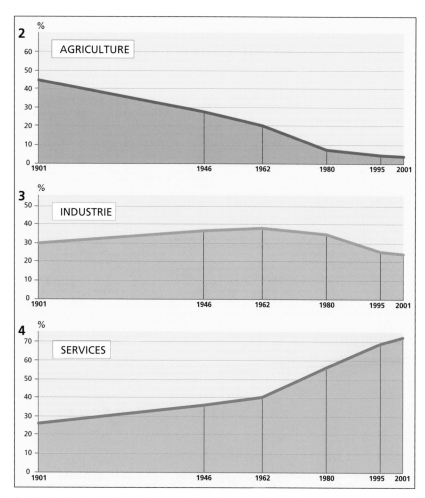

2, 3, 4. L'agriculture, l'industrie et les services depuis 1901.

On peut classer les personnes qui travaillent en trois groupes :
– celles qui produisent des matières premières comme les agriculteurs ou les mineurs. Ils font partie du **secteur primaire**. Ce secteur concerne surtout **l'agriculture** ;
– celles qui transforment ces matières premières pour faire du yaourt avec du lait ou de l'acier avec du minerai de fer et du charbon, puis fabriquer des voitures ou des couteaux avec cet acier. Ils font partie du **secteur secondaire**. Ce secteur concerne surtout **l'industrie** ;
– celles qui proposent **des services** aux artisans, aux usines ou aux autres habitants, tels que les médecins, les commerçants ou les routiers. Ils font partie du **secteur tertiaire**.

En un siècle, l'économie française a bien changé : elle était plutôt agricole il y a un siècle, plutôt industrielle il y a cinquante ans. **Aujourd'hui, ce sont les activités de service qui sont les plus nombreuses.**

LEXIQUE   **secteur primaire, secteur secondaire, secteur tertiaire, services.**

La France n'est pas qu'un hexagone

**Des terres et des îles lointaines font aussi partie de la France.
Où est située cette France d'outre-mer ?**

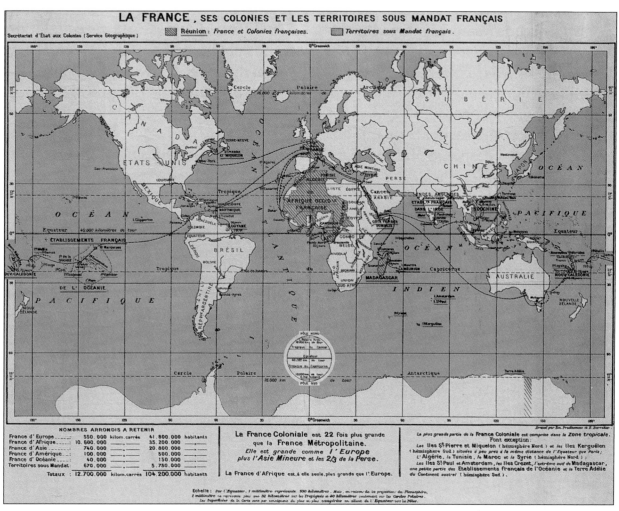

1. La France et ses colonies. Extrait d'un livre de géographie de cours moyen en 1930.

ACTIVITÉS

❶ À partir du document 1, écris la liste des colonies de la France en 1930. Sur quels continents étaient-elles les plus nombreuses ?

❷ Compare ta liste avec les DOM et TOM du document 2. Font-ils tous partie de ta liste ? Dans quelle zone climatique (tempérée, tropicale, polaire) sont-ils les plus nombreux ?

❸ Quels sont les trois TOM les plus éloignés de la métropole ? (doc. 2)

❹ Comment est représentée la France sur la pièce française de 1 € ? (doc. 3) Des départements et des régions sont-ils oubliés ? (doc. 2 et 3) Sur le billet de 20 €, commun aux pays d'Europe, est-ce la même chose ? (doc. 3)

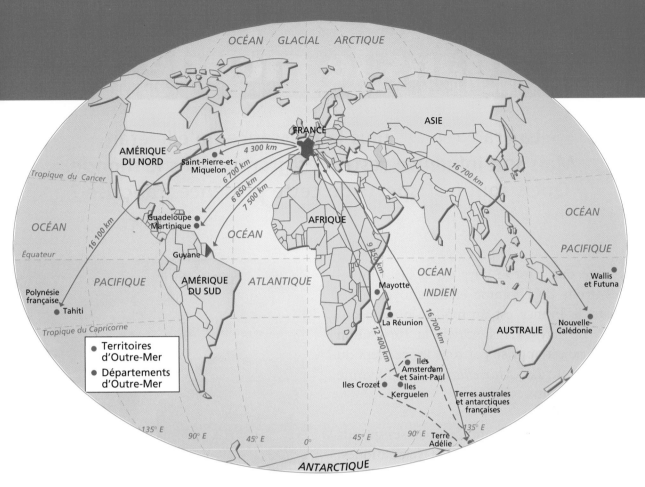

2. La France d'outre-mer.

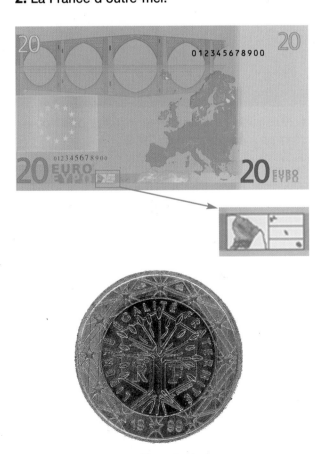

3. Billet de 20 € et pièce de 1 €.

Depuis le XVIe siècle, des Français se sont installés aux Antilles où ils ont fait venir des esclaves d'Afrique pour les plantations de canne à sucre. Aux XVIIIe et XIXe siècles, la France fonde un empire colonial composé de pays conquis par la force.

Au XXe siècle, la plupart de ces pays sont devenus indépendants, souvent après des révoltes ou des guerres comme à Madagascar, en Indochine ou en Algérie. Des terres et des îles sont restées françaises. Certaines font complètement partie de la France : ce sont les départements d'outre-mer. D'autres ont une large autonomie : ce sont les territoires d'outre-mer.

Les DOM et les TOM regroupent plus d'habitants que l'Alsace ou la Lorraine. **Mais ces terres lointaines sont souvent oubliées par la métropole et elles connaissent de gros problèmes économiques.**

La France est présente dans le monde

La France n'est plus la puissance qu'elle était.
Mais son influence reste très grande dans le monde.
Quels sont les aspects de cette présence française ?

Parce que c'est le pays où la Déclaration des droits de l'homme et du citoyen a été écrite, la France est un modèle pour beaucoup de pays. L'histoire de la Révolution française est apprise par tous les écoliers du monde et *La Marseillaise* est l'hymne national le plus connu.

La France est renommée pour ses grands peintres, ses écrivains et ses scientifiques, anciens ou contemporains. Elle est aussi connue pour ses produits, sa culture, ses monuments, ses poètes, ses cinéastes et ses organisations humanitaires. Beaucoup de peintres ou scientifiques célèbres se sont installés et ont vécu en France, ainsi Pablo Picasso ou Marie Curie.

La France fait aussi partie des huit pays du monde qui, lors de sommets entre chefs d'État, prennent des décisions importantes pour l'humanité tout entière.

1. Médecins sans frontières reçoit le prix Nobel de la paix en Norvège en 1999.

2. Le prix Nobel.

3. *Tartarin de Tarascon* d'Alphonse Daudet, en allemand.

4. *L'Avare* en suédois.

5. *Astérix*, *Le Grand Fossé*, éditions Albert-René.

ACTIVITÉS

① Cherche qui a rédigé la Déclaration universelle des droits de l'homme. En quelle année a-t-elle été écrite ?

② Qu'est-ce que le prix Nobel ? Connais-tu d'autres prix Nobel français ? Effectue une recherche documentaire sur Marie Curie, Pierre Curie, Albert Camus et Georges Charpak.

③ Astérix est aujourd'hui le Français le plus connu au monde. L'album a été traduit en 100 langues ou dialectes. Sauras-tu identifier les langues présentées ici ? (doc. 5)

④ Reconnais-tu les cinq drapeaux derrière les chefs d'État ? Compare cette liste de pays avec le tableau des « grandes puissances » page 43. (doc. 6)

6. Un sommet du G8 à Gênes en 2001 (Italie).

Le monde en France, la France dans le monde

La France n'est pas isolée. Elle a des échanges avec le reste du monde. Qu'achetons-nous et que vendons-nous aux autres pays ?

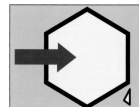

Les produits d'**importation** sont les marchandises fabriquées à l'étranger et vendues en France.

La France achète des produits qui n'existent pas dans notre pays, comme le café, le cacao, le thé ou le pétrole. Nous achetons aussi des matières premières qui coûtent moins cher à importer qu'à produire en France ; c'est le cas du charbon ou du fer. Il en est de même pour beaucoup d'autres objets qui pourraient être fabriqués en France (vêtements, automobiles, ordinateurs…).

1. Voiture allemande achetée et utilisée en France.

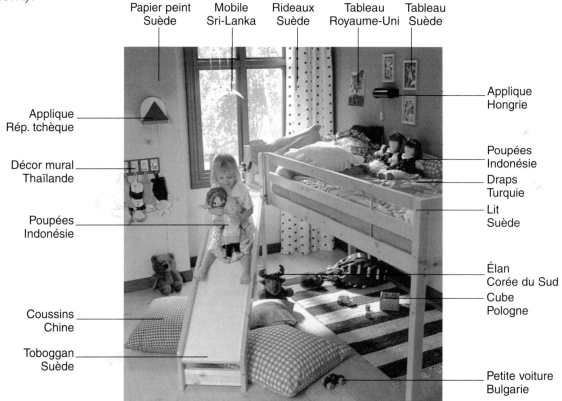

Papier peint Suède — Mobile Sri-Lanka — Rideaux Suède — Tableau Royaume-Uni — Tableau Suède — Applique Hongrie — Applique Rép. tchèque — Décor mural Thaïlande — Poupées Indonésie — Draps Turquie — Lit Suède — Poupées Indonésie — Élan Corée du Sud — Cube Pologne — Coussins Chine — Toboggan Suède — Petite voiture Bulgarie

2. Le monde entier dans la chambre (Ikéa).

3. Publicité (Madagascar).

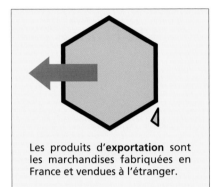

Les produits d'**exportation** sont les marchandises fabriquées en France et vendues à l'étranger.

Inversement, la France exporte vers les autres pays des produits agricoles, industriels et des services. Blé, parfums, voitures, alimentation se vendent dans le monde entier.

En regardant où ont été fabriqués les produits qui sont dans notre assiette ou dans notre maison, nous faisons le tour du monde !

4. La Vache qui rit partout dans le monde.

5. Publicité pour une croisière sur la Seine à Paris en plusieurs langues.

Croisière Le Bretagne

Un dîner d'exception à bord d'un yacht des années 50. Une ambiance piano-bar, une cuisine raffinée et un service élégant.

● Horaires : **2h30 de croisière**
Embarquement : à partir de 19h45 – Départ 20h30
Retour à quai : 23h00
● Tarifs : **à partir de 140€**
Réservation indispensable. Tenue correcte exigée.

English
An exceptional dinner aboard a 1950's yacht. Atmosphere with a piano bar, refined cuisine and elegant service.

Deutsch
Exklusives Diner an Bord einer Yacht aus den 50er Jahren. Piano-Bar, exzellente Küche, stilvoller Service.

Español
Una cena excepcional a bordo de un yate de los años 50. Ambiente de piano-bar, cocina refinada y elegante servicio.

Italiano
Una cena eccezionale a bordo di uno yacht degli anni '50. Un'atmosfera da piano bar, una cucina raffinata ed un servizio elegante.

ACTIVITÉS

① Fais une enquête dans ta chambre : regarde sur les étiquettes où ont été fabriqués tous les objets.

② Avec tes camarades, fais une liste de 25 produits (alimentation, vêtements, électroménager, jeux électroniques, télévision…). Après en avoir choisi un, chacun cherche dans les rayons d'un supermarché où il a été fabriqué.

❸ À partir du document 2, dresse la liste des pays et localise-les sur la carte de l'atlas page 186. Quels sont les continents (ou les parties de continents) les plus représentés ? Pourrait-on fabriquer ces objets en France ? À ton avis, pourquoi ne le fait-on pas ?

Parle-t-on le français dans le monde ?

La langue française n'a plus l'influence
qui était la sienne dans le passé.
Où continue-t-elle à être parlée en dehors de la France ?

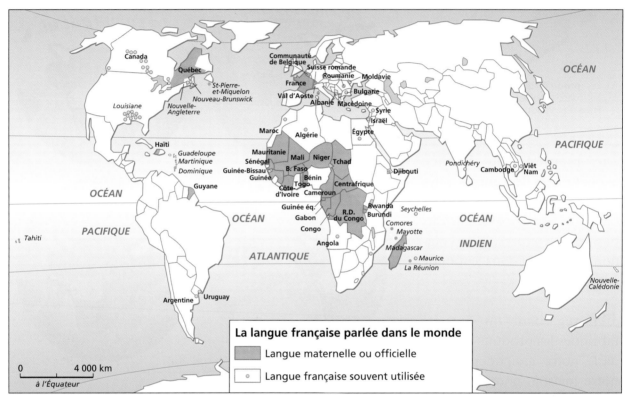

La langue française parlée dans le monde

- ▧ Langue maternelle ou officielle
- ○ Langue française souvent utilisée

0   4 000 km
à l'Équateur

1. La langue française dans le monde.

2. L'emblème du
IXe sommet de la francophonie, Beyrouth, 2002.

3. Sommet à Hanoï, en 1997.

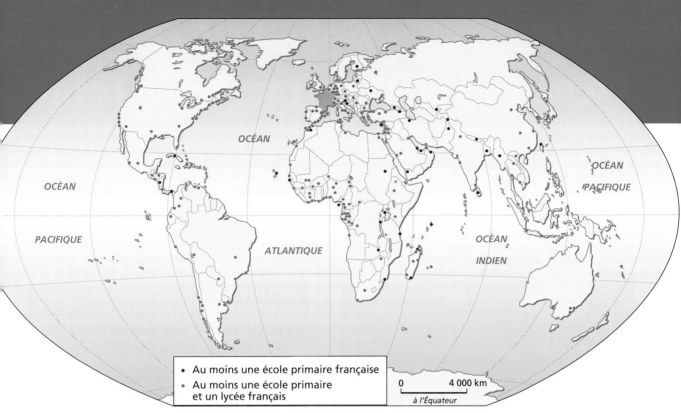

4. Écoles et collèges français dans le monde (rentrée scolaire 2002-2003).

Légende :
- Au moins une école primaire française
- Au moins une école primaire et un lycée français

0 ___ 4 000 km
à l'Équateur

Au XVIIIe et au XIXe siècle, le français était la langue utilisée par les écrivains, les diplomates et les savants du monde entier. Le français était la langue des gens instruits. Ce n'est plus le cas aujourd'hui.

Mais le français reste la langue maternelle ou la seconde langue de plus de cent millions de personnes dans le monde.

La francophonie regroupe l'ensemble des pays et des communautés qui, à travers le monde, ont en commun le fait de parler le français et d'aimer la culture française.

ACTIVITÉS

1 Il y a deux cents ans, le français était la troisième langue la plus parlée au monde. À quel rang est-elle aujourd'hui ? (doc. 5)

2 Combien y a-t-il de personnes qui parlent le français en dehors de la France ? Pour effectuer les calculs, utilise le tableau de la page 144. (doc. 5)

3 Pour chacun des continents, écris le nom d'un ou de deux pays où l'on parle le français. (doc. 1)

4 Indique les continents et régions du monde où les écoles et collèges français sont très nombreux et ceux où ils sont très peu nombreux. (doc. 4)

5 Compare les deux cartes 1 et 4, avec la carte des anciennes colonies page 61.

6 Regarde dans l'atlas dans quel pays est située la ville de Beyrouth. (doc. 2).

	Population
Chinois	1 100 000 000
Hindi	520 000 000
Anglais	510 000 000
Espagnol	400 000 000
Russe	270 000 000
Arabe	260 000 000
Bengali	220 000 000
Portugais	200 000 000
Malais	160 000 000
Français	130 000 000

5. Les langues parlées en 2000.

On ne parle que le français en France

Le français est la langue de la République.
Mais à travers le pays d'autres langues sont parlées.
Quelles sont-elles ?

Titre premier

DE LA SOUVERAINETÉ

ARTICLE 2. La France est une République indivisible, laïque, démocratique et sociale. Elle assure l'égalité devant la loi de tous les citoyens sans distinction d'origine, de race ou de religion. Elle respecte toutes les croyances.
La langue de la République est le français.
L'emblème national est le drapeau tricolore, bleu, blanc, rouge.
L'hymne national est la « Marseillaise ».
La devise de la République est « Liberté, Égalité, Fraternité ».
Son principe est : gouvernement du peuple, par le peuple et pour le peuple.

1. Extrait de la Constitution de 1958.

C'est à partir du XVIᵉ siècle que le français s'est progressivement imposé comme langue nationale.

D'autres langues ont pu continuer à se maintenir jusqu'à aujourd'hui.

De même, chaque région, a des expressions et des accents particuliers. Cela participe à la diversité culturelle et à la richesse de la France.

Dans mon pays, dès ma naissance
Les premiers mots que j'entendis
Au travers de mon innocence
Semblaient venir du paradis
C'était la mère, toute heureuse,
Qui me fredonnait à mi-voix
Une simple et vieille berceuse
En patois.

2. Gaston Couté, poète (1880-1911).

ACTIVITÉS

1 Essaie de trouver le sens de ce qui est écrit sur l'affiche en créole. (doc. 6)

2 Retrouve les langues inscrites sur les panneaux. (doc. 8)

3 Quelles sont les langues qui sont parlées de part et d'autre des frontières du territoire français ? (doc. 5)

4 Y a-t-il des expressions particulières dans ta région ? Fais une liste un peu comme la liste des expressions de Sologne et de Beauce.

5 Trouve-t-on d'autres particularités culturelles (sport, cuisine, jeux…) dans ta région ?

Aguignoche : taquinerie
Alouver : devenir féroce (comme le loup)
Bagosser : bégayer
Barbelée : gelée blanche
Biger : embrasser
Ciglée : fessée
Gaîtiau : gai
Guerdiller : avoir froid
Hargne : averse orageuse
Jaspoter : Dire du mal des gens
Malette : cartable
Pouillir : S'habiller
Vieuture : Vieillesse

3. Parler de Beauce et de Sologne.

Leire : una val reiala

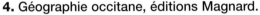

2. Ortalissa e frucha dins la Val de Leire.

De l'epòca romana fins al sègle XIX, la navigacion fluviala sus Leire èra plan desvolopada. Al sègle XIX, lo camin de fèrre l'arroïnèt. Uèi, es sonque l'estuari entre l'ocean e Nantas que coneis un trafic maritime important.

I a mai vals en França que i se tròbe de vinha, d'ortalissa e de culturas fruchièras ? Fai la lista dels avantatges e dels inconvenients de la vida dins una val.

4. Géographie occitane, éditions Magnard.

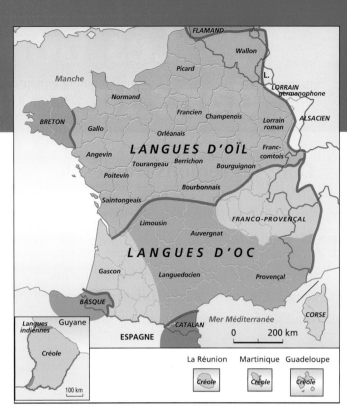

5. Langues et parlers en France.

6. Panneau publicitaire pour la prévention routière aux Antilles.

L'INDÉPENDANT

CATALAN

Nouveauté de la rentrée : le catalan à la maternelle La Fontaine

Plus de 750 enfants ont fait, hier, leur rentrée. Un effectif qui, l'an prochain, devrait être encore supérieur. Nouveauté cette année : le catalan fait son entrée chez les petits de la maternelle.

7. La catalan entre à l'école La Fontaine de Cabestany en septembre 2002 (Pyrénées-Orientales).

8. Panneaux indicateurs dans plusieurs langues.

Les hommes dans la zone froide

Dans les régions froides, les hommes sont peu nombreux. Mais est-ce toujours le cas ?

Dans la zone polaire, le froid est intense. Le sol est parfois gelé en permanence, même pendant le court été, et les plantes ne peuvent pas pousser. L'agriculture est impossible. Sans agriculture, très peu de nourriture est disponible.

Sans nourriture, les hommes ne peuvent pas survivre.

1. Village inuit en terre de Baffin (Canada).

2. La banquise dans le grand Nord (Groenland).

Pourtant de petits groupes d'hommes vivent au nord de la Russie ou du Canada. Ce sont les Inuits. Ils vivent de la chasse et de la pêche.

Mais si le sous-sol contient une richesse importante pour l'économie mondiale d'aujourd'hui, comme le pétrole (le charbon ou l'or autrefois), des hommes s'installent dans un milieu hostile, même si toute la nourriture doit être importée de très loin.

ACTIVITÉS

1 Où habitent les Inuits ? (doc. 1) Recherche à quoi servent vraiment les igloos.

2 À ton avis, à quoi sert ce grand tuyau appelé oléoduc ? (doc. 3)

3 Quels sont les animaux décrits par Magellan ? (doc. 4)

④ Effectue une recherche documentaire sur les animaux du grand Nord et de l'Antarctique.

⑤ Pourquoi s'aventurait-on dans le grand Nord à la fin du XIXe siècle ? Connais-tu un film de Charlie Chaplin racontant cet épisode de l'histoire du grand Nord ?

3. Oléoduc en Alaska (États-Unis).

MAGELLAN DÉCOUVRE DE DRÔLES DE BÊTES...

Les loups marins sont de différentes couleurs, et de la grosseur à peu près d'un veau, dont ils ont aussi la tête. Leurs oreilles sont courtes et rondes, et leurs dents très longues. Ils n'ont point de jambes, et leurs pattes, qui sont attachées au corps, ressemblent assez à nos mains, avec des petites ongles ; mais elles sont palmipèdes ; c'est-à-dire, que les doigts en sont attachés ensemble par une membrane comme les pattes d'un canard. Si ces animaux pouvoient courir, ils seroient fort à craindre, car ils montrèrent beaucoup de férocité. Ils nagent fort vite, et ne vivent que de poisson.

4. Anthoyne Pigafetta, *1519, Magellan, le premier tour du monde*. (Texte dans l'édition originale)

EN ROUTE POUR LA FORTUNE

Mais s'il faut se frayer soi-même une route sur la neige des pays de l'Extrême Nord, alors cela devient le travail le plus dur que l'on puisse imaginer. À chaque pas, les grands souliers palmés s'enfoncent dans la neige qui arrive jusqu'au genou ; on doit alors lever le pied bien droit jusqu'à la surface – une simple déviation d'un quart de pouce pouvant amener un désastre – et faire un pas en avant ; puis le second pied doit se lever perpendiculairement, à un demi-mètre de hauteur et ainsi de suite.

5. Jack London, *Le Grand Silence blanc*, 1899.

Les hommes
et les zones sèches

**Là où il ne pleut presque pas,
les hommes sont en général peu nombreux.
Mais est-ce toujours le cas ?**

Dans les déserts, il ne pleut presque pas. L'agriculture y est impossible. Pourtant les déserts ne sont pas vides d'hommes. On y trouve des nomades qui se déplacent avec leur troupeau ou qui font du commerce.

1. Une oasis dans le désert du Sahara (Algérie).

DANS LE DÉSERT DU SAHARA

Ce qui nous incommoda le plus durant cette horrible journée ce furent les trombes de sable qui, dans leurs courses, menaçaient à chaque instant de nous ensevelir. On ne distinguait rien ; le sable comme un brouillard épais nous enveloppait dans de noires ténèbres (...). Tout le temps que dura cette affreuse tempête, nous restâmes étendus sur le sol, sans mouvement, mourant de soif, brûlés par le sable et battus par le vent.

2. René Caillet, *Journal d'un voyage à Tombouctou et à Jenné*, 1824.

ACTIVITÉS

❶ Décris les deux paysages du Sahara (doc. 1 et 3). Qu'y a-t-il dans le sous-sol ?

❷ Pourquoi René Caillet parle-t-il de « noires ténèbres » ? (doc. 2) Recherche d'autres mots ou expressions exprimant l'idée de « terreur ».

❸ Repère sur la photographie 4 des indices te permettant d'affirmer qu'Abu Dhabi est une ville moderne et récente.

❹ À ton avis, d'où vient l'eau pour arroser les parcs et le champ de course d'Abu Dhabi ?

Comme dans la zone polaire, de grandes villes se sont développées là où on a trouvé du pétrole.

3. Puits de pétrole saharien (Algérie).

4. Abu Dhabi (Émirats arabes unis).

ABU DHABI : DE LA MISÈRE À LA RICHESSE

Abu Dhabi est située en zone désertique. Les précipitations annuelles sont inférieures à 100 mm et la température moyenne y est de 27°. Avant la découverte du pétrole en 1958, les habitants y étaient très pauvres et peu nombreux.

En 1960, on comptait 2 000 habitants, vivant de la pêche et de la récolte des huîtres perlières. À cette époque, Abu Dhabi n'avait ni électricité, ni eau courante.

En moins de cinquante ans, Abu Dhabi est devenue une ville de plus de 600 000 habitants, comptant des dizaines de parcs soigneusement arrosés. Le pétrole a transformé un village misérable en riche cité avec ses gigantesques gratte-ciel, son champ de course, ses immenses centres commerciaux, ses immeubles de luxe, son aéroport moderne et son architecture futuriste en verre et en acier.

Aujourd'hui, les Émirats arabes unis, dont Abu Dhabi fait partie, disposent de six aéroports internationaux. Les hôpitaux et les écoles disposent des derniers équipements les plus sophistiqués. Le pétrole est passé par là.

Abu Dhabi est devenu un des pays les plus riches du monde.

5. E. Le Cann, *Regards sur les Émirats*, 2002.

Des paysages différents

**Les montagnes sont-elles toujours faiblement peuplées
et les régions ni froides ni sèches toujours très peuplées ?**

1. Les falaises de Bandiagara dans le « pays » des Dogons (Mali).

Dans les montagnes la vie est difficile. La population est généralement très peu nombreuse, comme dans les montagnes d'Europe ou d'Amérique du Nord.

Parfois l'isolement de la montagne procure des avantages. On peut s'y réfugier si l'on est persécuté. C'est ce qui se passe dans les Cévennes où de nombreux protestants se cachèrent pendant les guerres de Religion en France. C'est encore le cas dans certaines montagnes d'Afrique.

LEXIQUE rendement.

LE LIBRE MONTAGNARD

Une des grandes causes qui ont contribué à maintenir l'indépendance de certaines peuplades des montagnes, c'est que, pour elles, le travail solidaire et les efforts d'ensemble sont une nécessité. Tous sont utiles à chacun et chacun l'est à tous. [...] Quand un désastre a lieu, il faut que tous s'entraident pour réparer le mal ; l'avalanche a recouvert quelques cabanes, tous travaillent à déblayer les neiges ; la pluie a raviné les champs cultivés en gradins sur les pentes, tous s'occupent de reprendre la terre éboulée. En hiver, lorsqu'il est dangereux de s'aventurer dans les neiges, ils comptent sur l'hospitalité les uns des autres. [...] La montagne protectrice leur procure les moyens de se défendre contre l'invasion. Elle défend la vallée par d'étroits défilés où quelques hommes suffisent pour arrêter des bandes entières [...] ; en certains endroits, elle est perforée de cavernes communiquant les unes avec les autres et pouvant servir de cachettes.

2. Élisée Reclus, *Histoire d'une montagne*, éditions Hetzel, 1880.

Si l'on peut aménager la pente en terrasse, la montagne a un autre avantage. On peut y cultiver du riz sans avoir à faire venir l'eau. C'est le cas dans certaines montagnes d'Asie, en Indonésie ou aux Philippines.

Au cœur de l'Amérique, l'agriculture est moderne. Un homme peut cultiver à lui seul plus de 500 hectares. Les rendements sont élevés et les densités sont faibles. En Indonésie, il faut des dizaines de personnes pour repiquer une à une les pousses de riz. Les rendements sont élevés et les densités sont fortes.

3. Rizière en montagne (Philippines).

Confrontés à la nature, à ses avantages et inconvénients, les hommes ont inventé des réponses différentes d'un lieu à l'autre de la Terre.

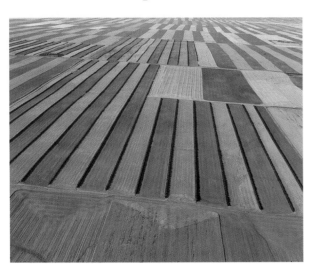

4. Grandes plaines du Montana (États-Unis).

5. Repiquage du riz à Sanda (Bali).

ACTIVITÉS

❶ Décris le village des Dogons. À ton avis, pourquoi les maisons sont-elles autant serrées les unes contre les autres ? Le village est-il visible de loin ? (doc. 1)

❷ Pourquoi faut-il être « solidaire » quand on vit en montagne ? Donne des exemples. (doc. 2)

❸ Compare le paysage de montagne des Philippines (doc. 3) avec celui en France page 50.

❹ À partir des documents 4 et 5, explique la dernière phrase de la leçon.

Quel monde pour demain ?

Le XXIᵉ siècle débute à peine. Le monde a bien changé par rapport à celui que tes parents ont connu quand ils avaient ton âge.
Quel est l'état de la planète et quels sont les grands défis du monde qui sera le tien demain ?

Aujourd'hui, il n'existe plus de « terres inconnues ». Grâce aux satellites, on peut observer la Terre sous tous ses aspects. Jamais elle n'a été autant examinée. Depuis l'espace on peut aujourd'hui repérer un homme au milieu de l'Amazonie ou du Sahara.

Le monde aujourd'hui ne forme plus qu'un. Des décisions prises à New York, à Bruxelles, à Londres ou à Paris ont des conséquences pour les habitants de la planète tout entière.

1. Tchernobyl (Ukraine) : un réacteur nucléaire observé de près.

Tous les hommes peuvent communiquer entre eux grâce aux téléphones portables. Avec Internet, on peut accéder aux plus grandes bibliothèques de la Terre et échanger des informations. Tu peux accéder au monde entier en quelques « clics » de souris.

Les ressources en eau potable sont limitées sur la planète. Demain, encore plus qu'aujourd'hui, il faudra éviter de gaspiller cette eau sans qui la vie n'est plus possible. Il faudra aussi mieux la partager entre tous les habitants de la planète et refuser des guerres pour cette richesse, comme il y a des guerres pour le pétrole.

2. Le monde entier avec... une souris et un téléphone.

3. La déforestation de l'Amazonie (Brésil).

4. La forêt amazonienne (Guyane française).

Respecter le milieu marin est l'un des autres défis. On attend beaucoup des ressources de la mer pour nourrir les 10 milliards d'hommes qui peupleront la planète quand tu seras adulte. Mais l'océan ne peut pas être à la fois une poubelle et un garde-manger. De même, il faudra protéger les grandes forêts et les autres espèces vivantes, animales et végétales.

Réduire les inégalités entre les pays riches et les pays pauvres, éduquer tous les enfants, soigner ceux qui n'ont pas d'argent, tels sont quelques-uns des défis de l'humanité.

5. Marée noire sur les côtes espagnoles et françaises, hiver 2002-2003.

6. Internet en Afrique, dans la banlieue de Dakar (Sénégal).

ACTIVITÉS

1 Que s'est-il passé à Tchernobyl (doc. 1) ? Dresse la liste de toutes les utilisations possibles des satellites.

2 Décris le dessin. Écris tes réactions devant ce dessin (doc. 2).

3 On dit souvent de l'Amazonie que c'est le « poumon de la planète ». À ton avis, pourquoi ? (doc. 3 et 4)

4 Pourquoi parle-t-on de « marée noire » ? (doc. 5)

5 Fais une liste des autres problèmes que les hommes devront résoudre durant ce nouveau siècle.

Lexique

A

Affluent : cours d'eau se jetant dans un autre, plus important.

Agglomération : espace comprenant une ville et ses banlieues.

Aire d'influence : portion de l'espace attirée par tout ce qu'offre un centre urbain.

Aménagement : opération de transformation d'un espace par l'homme.

Amplitude thermique : différence entre la température la plus chaude et la température la plus froide.

Axe : ligne concentrant les voies de communication et la circulation des marchandises.

B

Baie : petit golfe marin.

Bassin fluvial : territoire arrosé par un fleuve et ses affluents.

Bocage : paysage rural dont les champs sont clos par des haies, des murs ou des chemins creux.

Bourg : gros village.

C

Canyon : vallée profonde et étroite creusée sur un plateau par une rivière. On peut aussi parler de **gorges**.

Capitale : lieu de résidence du gouvernement d'un pays. C'est souvent, mais pas exclusivement, la plus grande ville de ce pays.

Capitale régionale : ville importante où sont regroupés tous les centres de décisions, qui joue le même rôle, à l'échelle régionale, que la capitale à l'échelle nationale.

Champs ouverts : paysage rural dont les champs ne sont pas clos. On peut utiliser l'expression anglaise « open fields ».

Coordonnées géographiques : latitude et longitude d'un lieu permettant de le repérer à la surface de la Terre.

Crique : petite baie située généralement dans une côte rocheuse.

D

Delta : embouchure de forme triangulaire s'avançant dans la mer, où se déposent les cailloux, graviers, sables et boues transportés par un fleuve.

Densité (de population) : nombre moyen d'habitants par km².

Dune : colline de sable formée par le vent.

E

Échelle : rapport de réduction entre la réalité et sa représentation sur une carte.

Embouchure : partie d'un fleuve qui se jette dans la mer.

Équateur : ligne imaginaire en forme de cercle séparant le globe en deux hémisphères. La latitude de l'équateur est 0°.

Érosion : enlèvement des sols et usure du relief par les rivières, les glaciers, les précipitations, la mer et de manière très faible le vent.

Estuaire : embouchure profonde où se mêlent les eaux d'un fleuve et celles de la mer.

F

Falaise : abrupt causé par l'érosion de la mer.

Feuillus : se dit des arbres qui perdent leurs feuilles à l'automne.

G

Globe : sphère représentant la Terre.

Gorge : vallée très encaissée. On peut aussi parler de **canyon**.

H

Hémisphères : les deux moitiés du globe terrestre séparées par l'équateur.

L

Littoral : zone située au contact entre la mer et la terre.

M

Matières premières : matières indispensables à la fabrication d'autres produits, par exemple le minerai de fer pour fabriquer de l'acier ou du colza pour fabriquer de l'huile.

Méridien : ligne imaginaire joignant le pôle Nord au pôle Sud.

Métropole : ville principale dans une région.

N

Neiges éternelles : neiges accumulées en haute montagne, au-dessus de 2 500 à 3 000 m en France, qui sont présentes toute l'année.

Nœud : lieu où se croisent plusieurs axes de communication.

Nomade : personne qui se déplace continuellement, contrairement au sédentaire qui a une habitation fixe.

O

Oasis : espace cultivé dans le désert grâce à la présence d'eau.

OGM : (organisme génétiquement modifié) : organisme dont on a modifié artificiellement les caractères ; ce sont généralement des plantes.

P

Parallèle : ligne imaginaire en forme de cercle parallèle à l'équateur.

Paysage naturel : paysage qui ne porte aucune trace d'intervention de l'homme.

Pente : inclinaison d'un terrain par rapport à l'horizontale. Plus la pente est forte, plus on se rapproche de la verticale.

Plaine : zone plane où les cours d'eau ne sont pas encaissés. Les plaines sont le plus souvent à une faible altitude. Mais il existe aussi de hautes plaines dont l'altitude est élevée par rapport au niveau de la mer.

Plan : carte à très grande échelle représentant un tout petit espace, par exemple un village ou une ville.

Plateau : zone plane où les cours d'eau sont encaissés. Les plateaux sont souvent à une altitude élevée mais il existe aussi de bas plateaux dont l'altitude est proche du niveau de la mer comme en Picardie.

Pôle : centre qui attire, par les services qu'il propose, toute une portion de l'espace alentour. Ne pas confondre avec le pôle Nord ou le pôle Sud.

Précipitations : ensemble des chutes d'eau sous forme de pluie, brouillard, neige ou grêle. On les mesure en millimètres.

R

RDA : République démocratique allemande ; nom donné à la partie Est de l'Allemagne occupée par les armées de l'URSS. En 1990 les deux Allemagnes ont été réunifiées.

Recensement : opération consistant à compter les personnes habitant un pays pour connaître la répartition de la population et des caractéristiques des habitants telles que leur âge ou leur métier.

Rendement : production rapportée à une même unité. Par exemple, le rendement agricole est la production agricole pour un hectare soit l'équivalent d'un carré de 100 mètres de côté.

Réseau : ensemble de lignes mises en relation. Un réseau peut être visible : c'est le cas du réseau routier, ou invisible : Internet.

Résineux : arbres ayant des aiguilles, comme les pins ou les sapins.

Révolution : tour complet effectué par un astre autour d'un autre. Ce mot a un autre sens en Histoire et signifie changement brutal.

RFA : République fédérale allemande ; nom donné après la Seconde Guerre mondiale à la partie Ouest de l'Allemagne.

Rideau de fer : terme utilisé après la Seconde Guerre mondiale pour désigner la frontière entre les régions sous contrôle soviétique et celles sous l'influence des pays de l'Europe de l'Ouest.

Rotation : action de tourner sur soi-même.

Rural : se rapportant à la campagne.

S

Secteur primaire : secteur d'activité fournissant les matières premières. Il comprend l'agriculture, la pêche et les mines.

Secteur secondaire : secteur d'activité qui transforme les matières premières. Il se compose de l'ensemble des industries.

Secteur tertiaire : secteur d'activité qui fournit les services à la population et aux entreprises.

Services : activités utiles à l'ensemble de la population.

T

Talus : terrain très pentu et abrupt.

U

Urbain(e) : se rapportant à la ville.

URSS : Union des Républiques socialistes soviétiques. Créée en 1922 à la suite de la révolution de 1917, elle regroupait quinze républiques. Elle disparut en 1991, lorsque les républiques se proclamèrent indépendantes.

Z

Zone polaire : partie du globe terrestre proche du pôle Nord et du pôle Sud où il fait toujours froid.

Zone tempérée : partie du globe terrestre située entre la zone polaire et la zone tropicale où il fait froid en hiver et chaud en été.

Zone tropicale : partie du globe terrestre située près de l'équateur où il fait toujours chaud.

Le relief du monde

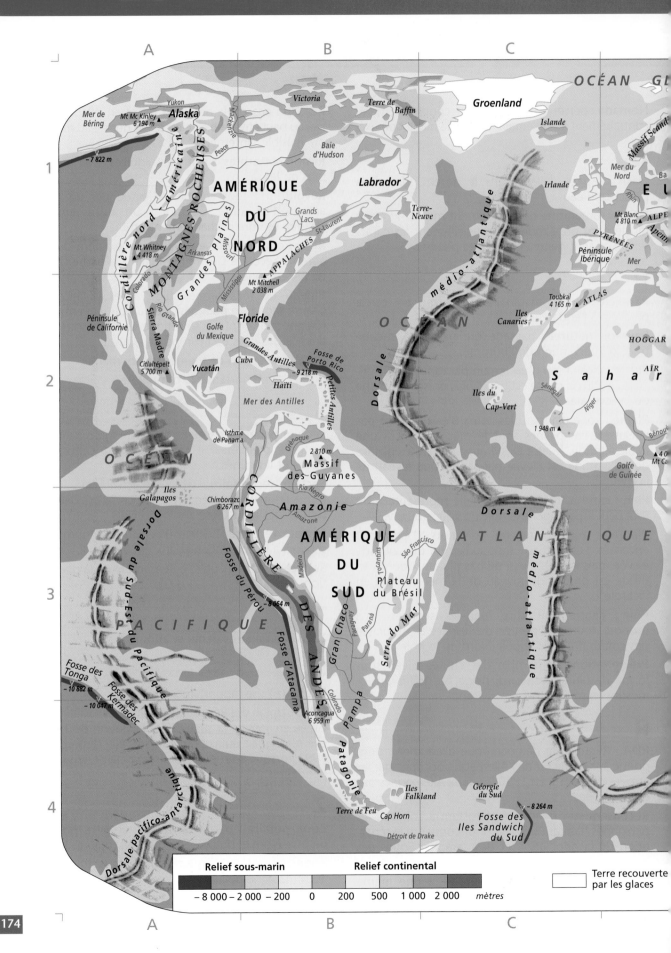

Relief sous-marin — Relief continental

−8 000 −2 000 −200 0 200 500 1 000 2 000 mètres

Terre recouverte par les glaces

174

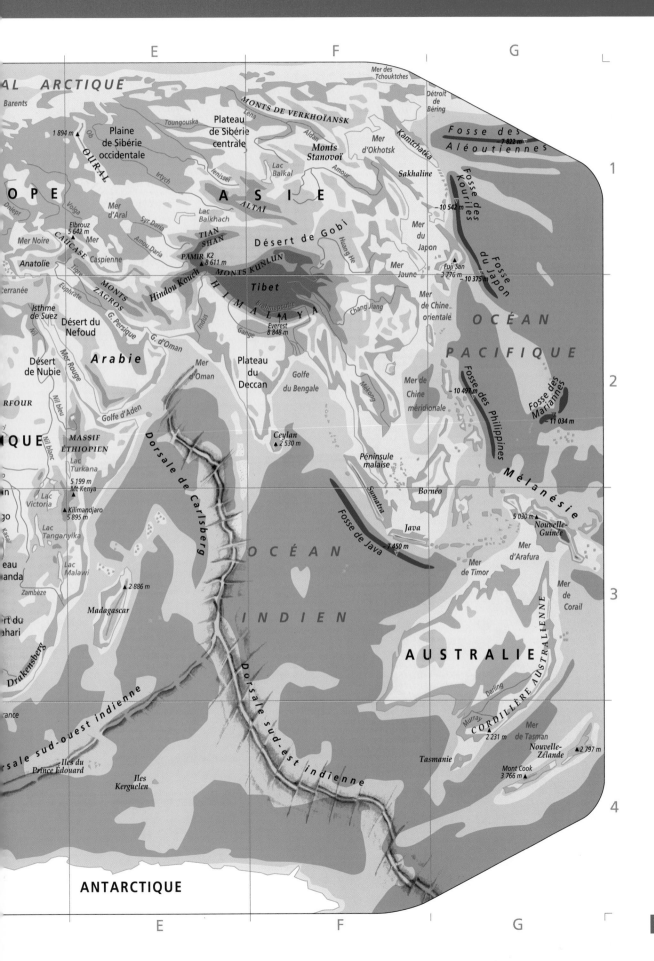

ARCTIQUE

E · F · G

OPE

Barents

1 894 m
OURAL

Plaine
de Sibérie
occidentale

Toungouska

Lena

Plateau
de Sibérie
centrale

MONTS DE VERKHOÏANSK

Aldan

Monts
Stanovoï

Mer
d'Okhotsk

Mer des
Tchouktches

Détroit
de
Béring

Fosse des
Aléoutiennes

ASIE

lenissei

Lac
Baïkal

Amour

Sakhaline

Kamtchatka

ALTAÏ

Elbrouz
5 642 m
CAUCASE

Mer Noire

Anatolie

Mer
d'Aral

Syr Daria

Mer
Caspienne

TIAN
SHAN

Volga

Amou Daria

PAMIR K2
8 611 m

Désert de Gobi

Lac
Balkhach

Huang He

MONTS KUNLUN

Mer
du
Japon

Fosse des
Kouriles

−10 542 m

Fosse du Japon

Fuji San
3 776 m −10 375 m

Mer
Jaune

1

Euphrate

Tigre

MONTS
ZAGROS

G. Persique

Hindou Kouch

HIMALAYA

Tibet

Brahmapoutre

Chang Jiang

Mer
de Chine
orientale

rranée

Isthme
de Suez

Désert du
Nefoud

G. d'Oman

Everest
8 848 m

Nil

Mer Rouge

Arabie

Désert
de Nubie

Indus

Gange

Mer
d'Oman

Plateau
du
Deccan

Golfe
du Bengale

Mekong

OCÉAN

PACIFIQUE

Mer de
Chine
méridionale

−10 497 m

Fosse des Mariannes

2

Fosse des Philippines

−11 034 m

RFOUR

Nil bleu

Golfe d'Aden

Ceylan
2 530 m

Péninsule
malaise

QUE

MASSIF
ÉTHIOPIEN

Lac
Turkana

5 199 m
Mt Kenya

Dorsale de Carlsberg

Mélanésie

5 030 m

Nouvelle-
Guinée

n

Lac
Victoria

Kilimandjaro
5 895 m

Sumatra

Borneo

eau
anda

Lac
Tanganyika

Fosse de Java

Java

−7 450 m

Mer
d'Arafura

Lac
Malawi

OCÉAN

Mer
de Timor

Mer de
Corail

Zambèze

2 886 m

3

Madagascar

INDIEN

AUSTRALIE

rt du
ahari

Drakensberg

Darling

CORDILLÈRE AUSTRALIENNE

rance

Dorsale sud-ouest indienne

Dorsale sud-est indienne

Murray

2 231 m

Mer
de Tasman

Nouvelle-
Zélande

2 797 m

Iles du
Prince Édouard

Iles
Kerguelen

Tasmanie

Mont Cook
3 766 m

4

ANTARCTIQUE

E · F · G

Le relief de l'Europe

Reykjavik
ISLANDE
Iles Lofoten
2 117 m Laponie
Massif Scandinave
SCANDINAVIE
FINLAN
Iles Féroé
2 469 m
NORVÈGE
SUÈDE
Plateau lacustre de Finland
Golfe de Botnie
Iles Shetland
Oslo
Helsinki
Stockholm
Golfe de Finlan
Hébrides
Écosse
Ben Nevis 1 343 m
Plateau suédois
Gotland
Tallinn
ESTONI
OCÉAN
Skagerrak
Kattegat
Mer du Nord
Jutland
Copenhague
Riga
LETTONIE
ROYAUME-UNI
Dublin Mer d'Irlande
IRLANDE
DANEMARK
Mer Baltique
LITUANIE
Vilnius
RUSSIE
1 085 m
Bassin de Londres
Plaine germano-polonaise
Vistule
Varsovie
Amsterdam
Berlin
Oder
POLOGNE
Londres
PAYS-BAS
Wieser
Elbe
Manche
Pas de Calais
Bruxelles
BELGIQUE
Massif schisteux rhénan
Iles Anglo-Normandes
Ardenne
Luxembourg
LUX.
Rhin
Sudètes
Pointe du Raz
Bretagne
Bassin
Paris
Seine
Meuse
Prague
Forêt de Bohême
Moravie RÉP. TCHÈQUE
2 655 m
Carpates
Dn
parisien
Loire
Vosges
ALLEMAGNE
Bratislava SLOVAQUIE
ATLANTIQUE
FRANCE
Puy de Sancy 1 886 m
Forêt Noire
Danube
Vienne
HONGRIE
Tizsa
Cap Finisterre
Golfe de Gascogne
Bassin aquitain
Massif central
Jura
Berne
SUISSE
LIECHTENSTEIN
AUTRICHE
Budapest
Plaine de Hongrie
Alpes Transylv
Mont Blanc 4 810 m
Alpes
SLOVÉNIE
Drave
2 544 m
Monts Cantabriques
Garonne
Ljubljana
Zagreb
CROATIE
ROUMANIE
Douro
Monts Ibériques
Pyrénées
ANDORRE
MONACO
Po
ITALIE
BOSNIE-HERZÉGOVINE
Chaînes Dinariques
PORTUGAL
Péninsule
3 404 m
Golfe du Lion
Mer Ligurienne
Sarajevo
Belgrade
YOUGOSLAVIE
Valach
Danub
Lisbonne
Tage
Madrid
Ibérique
Iles Baléares
Corse
Mer
SAINT-MARIN
Sofia
BULG
Ebre
Minorque
Apennins
Adriatique
Monts Rho
Guadiana
ESPAGNE
2 914 m
Gran Sasso
Rome
Tirana
Skopje
MACÉDOINE
Cap Saint-Vincent
Guadalquivir
3 478 m
Sierra Nevada
Ibiza
Majorque
Sardaigne
Mer Tyrrhénienne
ALBANIE
GRÈCE
Détroit de Gibraltar
Alger
Mer Méditerranée
Monts du Pinde
Rabat
Rif
Sicile
Mer Ionienne
Péloponnèse
Cy
MAROC
Atlas
ALGÉRIE
TUNISIE
Tunis
Malte
Ath

A   B   C

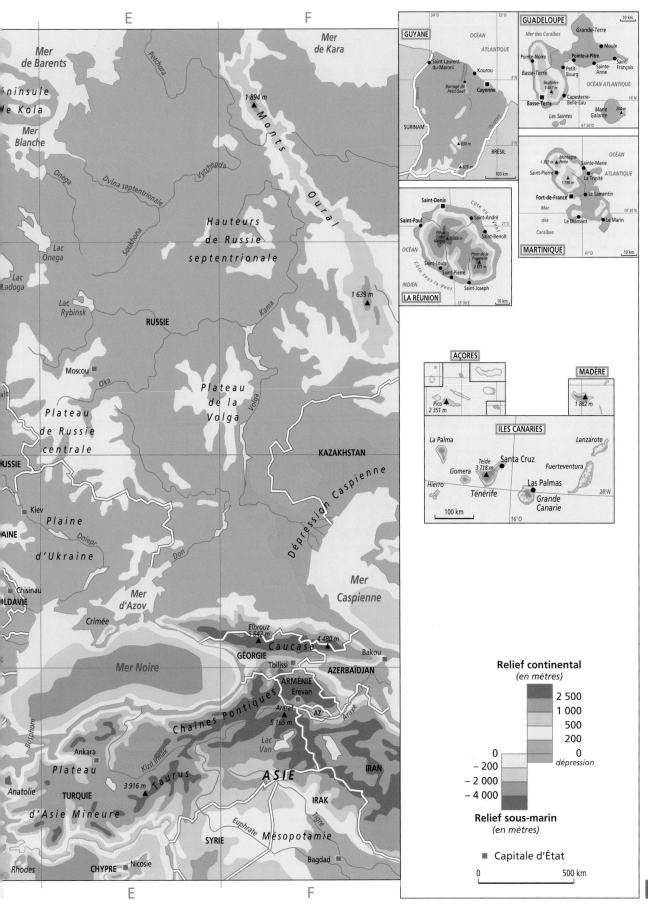

Mer
de Barents

'ninsule
'e Kola

Mer
Blanche

Petchora

Monts

Oural

1 894 m

Mer
de Kara

Onega

Dvina septentrionale

Vytchegda

Soukhona

Hauteurs
de Russie
septentrionale

1 639 m

Lac
Onega

Lac
Ladoga

Lac
Rybinsk

RUSSIE

Kama

Moscou

Oka

Plateau
de la
Volga

Plateau
de Russie
centrale

Volga

KAZAKHSTAN

SSIE

Kiev

Plaine

Dniepr

Don

d'Ukraine

Dépression Caspienne

Chisinau

OLDAVIE

Mer
d'Azov

Crimée

Mer
Caspienne

Elbrouz
5 642 m
4 480 m

Caucase

GÉORGIE

Mer Noire

Tbilissi

Bakou

AZERBAÏDJAN

ARMÉNIE

Erevan

Chaînes Pontiques

AZ.

Ararat
5 165 m

Araxe

Lac
Van

Bosphore

Ankara

Kizil Irmak

3 916 m

Taurus

ASIE

IRAN

Plateau

Anatolie

TURQUIE

d'Asie Mineure

IRAK

Euphrate

Mésopotamie

Tigre

SYRIE

Bagdad

Rhodes

CHYPRE

Nicosie

GUYANE

54°O   52°O

OCÉAN
ATLANTIQUE

5°N

Saint-Laurent-
du-Maroni

Kourou

Barrage de
Petit-Saut

Cayenne

SURINAM

3°O

BRÉSIL

830 m

635 m

100 km

GUADELOUPE

10 km

Mer des Caraïbes

Grande-Terre

Moule

Pointe-Noire

Pointe-à-Pitre

Basse-Terre

Petit-
Bourg

Sainte-
Anne

Saint-
François

Soufrière
1 467 m

OCÉAN ATLANTIQUE

16°N

Basse-Terre

Capesterre-
Belle-Eau

Les Saintes

Marie
Galante

200 m

61°30'O

OCÉAN

Montagne
Pelée
1 397 m

Sainte-Marie

ATLANTIQUE

Saint-Pierre

1 196 m

La Trinité

Fort-de-France

Le Lamentin

14°30'N

Mer

des

Le Diamant

Le Marin

Caraïbes

MARTINIQUE

61°O

10 km

Saint-Denis

Côte au Vent

Saint-Paul

Saint-André

21°S

Saint-Benoît

OCÉAN

Piton
des
Neiges

3 069 m

Piton de la
Fournaise

Saint-Louis

2 631 m

Saint-Pierre

INDIEN

Côte sous le Vent

Saint-Joseph

LA RÉUNION

55°30'E

10 km

AÇORES

MADÈRE

Pico
2 351 m

1 862 m

ILES CANARIES

La Palma

Lanzarote

Gomera

Teide
3 718 m

Santa Cruz

Fuerteventura

Hierro

Ténérife

Las Palmas

28°N

100 km

Grande
Canarie

16°O

Relief continental
(en mètres)

2 500
1 000
500
200

0   0
dépression

− 200

− 2 000

− 4 000

Relief sous-marin
(en mètres)

■ Capitale d'État

0   500 km

Le relief de la France

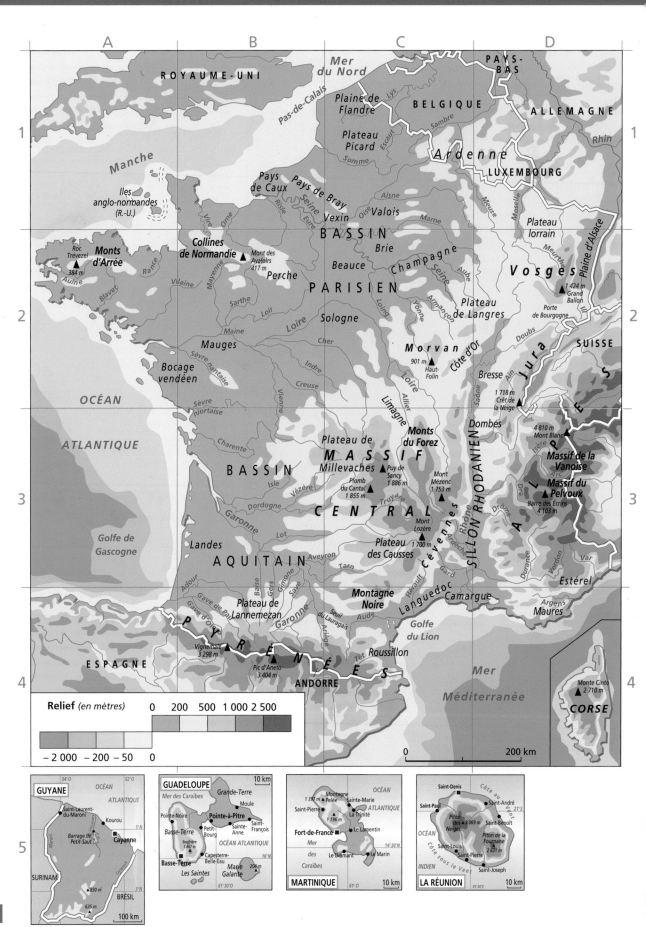

ROYAUME-UNI

Mer du Nord

PAYS-BAS

BELGIQUE

ALLEMAGNE

Pas-de-Calais

Plaine de Flandre

Lys

Escaut

Ardenne

LUXEMBOURG

Rhin

Manche

Plateau Picard

Somme

Aisne

Meuse

Moselle

Plateau lorrain

Plaine d'Alsace

Îles anglo-normandes (R.-U.)

Pays de Caux

Pays de Bray

Seine

Vexin

Valois

Oise

Marne

Vire

Orne

Risle

Eure

Brie

Champagne

Aube

Seine

Vosges

1 424 m ▲ Grand Ballon

Roc Trévezel

Monts d'Arrée

▲ 384 m

Collines de Normandie

Mont des Avaloirs 417 m

Beauce

Meurthe

Porte de Bourgogne

Aulne

Rance

Mayenne

Perche

BASSIN

PARISIEN

Plateau de Langres

Blavet

Vilaine

Sarthe

Loir

Loire

Sologne

Cher

Armançon

Yonne

Doubs

SUISSE

Maine

Morvan

Côte d'Or

JURA

Mauges

Sèvre nantaise

Indre

Loing

901 m ▲ Haut-Folin

Saône

Bresse

Ain

1 718 m ▲ Crêt de la Neige

Bocage vendéen

Creuse

Vienne

Loire

Allier

Limagne

Dombes

4 810 m ▲ Mont Blanc

OCÉAN

Sèvre niortaise

Monts du Forez

Isère

ATLANTIQUE

Charente

Plateau de Millevaches

MASSIF

Puy de Sancy 1 886 m

Mont Mézenc 1 753 m

Arc

Massif de la Vanoise

Isle

Plomb du Cantal 1 855 m

Rhône

Massif du Pelvoux

BASSIN

Vézère

Dordogne

CENTRAL

Truyère

Mont Lozère

Ardèche

Barre des Écrins 4 103 m

Golfe de Gascogne

Landes

Garonne

Lot

Plateau des Causses

1 700 m ▲

Cévennes

Gard

SILLON RHODANIEN

Drôme

ALPES

AQUITAIN

Aveyron

Tarn

Durance

Var

Verdon

Estérel

Plateau de Lannemezan

Baïse

Gers

Gimone

Save

Garonne

Montagne Noire

Languedoc

Camargue

Argens

Maures

Adour

Gave de Pau

Gave d'Oloron

Seuil du Lauragais

Ariège

Aude

Golfe du Lion

ESPAGNE

Vignemale 3 298 m ▲

P Y R É N É E S

Pic d'Aneto 3 404 m ▲

ANDORRE

Têt

Roussillon

Mer Méditerranée

Monte Cinto ▲ 2 710 m

CORSE

Relief (en mètres)

0   200   500 1 000 2 500

− 2 000 − 200 − 50   0

0   200 km

GUYANE

54°O   52°O

OCÉAN ATLANTIQUE

Saint-Laurent-du-Maroni

Kourou

5°N

Maroni

Barrage de Petit-Saut

■ Cayenne

Oyapok

SURINAM

▲ 830 m

635 m ▲

BRÉSIL

100 km

GUADELOUPE

10 km

Mer des Caraïbes

Grande-Terre

Pointe-Noire

Moule

● Pointe-à-Pitre

Basse-Terre

Petit-Bourg

Sainte-Anne

Saint-François

Soufrière 1 467 m

OCÉAN ATLANTIQUE

Capesterre-Belle-Eau

204 m ▲

■ Basse-Terre

Les Saintes

Marie-Galante

61°30'O

16°N

MARTINIQUE

OCÉAN ATLANTIQUE

Montagne Pelée 1 397 m ▲

Sainte-Marie

Saint-Pierre

1 196 m ▲

La Trinité

■ Fort-de-France

Le Lamentin

Mer des Caraïbes

14°30'N

Le Diamant

Le Marin

61°O

10 km

LA RÉUNION

Côte au Vent

■ Saint-Denis

Saint-Paul

Saint-André

21°S

Piton des Neiges ▲ 3 069 m

Saint-Benoît

OCÉAN INDIEN

Côte sous le Vent

Saint-Louis

Saint-Pierre

Piton de la Fournaise 2 631 m ▲

Saint-Joseph

55°30'O

10 km

Les régions de la France

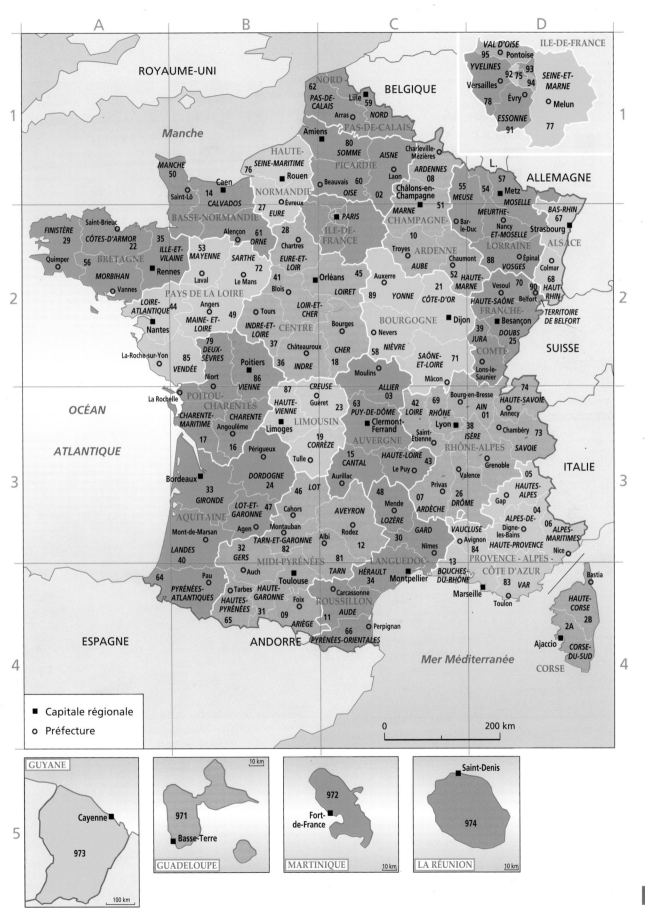

Capitale régionale (■)
Préfecture (○)

ROYAUME-UNI
BELGIQUE
ALLEMAGNE
SUISSE
ITALIE
ESPAGNE
ANDORRE

Manche
OCÉAN
ATLANTIQUE
Mer Méditerranée

ILE-DE-FRANCE
VAL D'OISE 95 ○ Pontoise
YVELINES 92 75 93
Versailles 78 94
Essonne 91
○ Évry
SEINE-ET-MARNE
○ Melun
77

NORD
62 PAS-DE-CALAIS
Lille 59 NORD
Arras ○
Amiens
80 SOMME
HAUTE-SEINE-MARITIME 76
○ Rouen
Beauvais ○ 60 OISE
02
AISNE
Laon
PICARDIE
Charleville-Mézières
Châlons-en-Champagne
ARDENNES 08
55 MEUSE 57 54 Metz
MOSELLE
BAS-RHIN 67 Strasbourg
ALSACE
68 HAUT-RHIN
Colmar
MANCHE 50
Saint-Lô ○
14 Caen
CALVADOS
27 ○ Évreux
EURE
NORMANDIE
BASSE-NORMANDIE
○ PARIS
ILE-DE-FRANCE
MARNE
CHAMPAGNE
Bar-le-Duc ○
MEURTHE-ET-MOSELLE
Nancy ○
LORRAINE
Épinal ○
88 VOSGES
Troyes ○
AUBE
ARDENNE
Chaumont ○
52 HAUTE-MARNE
Vesoul ○ 70
90 Belfort
TERRITOIRE DE BELFORT

FINISTÈRE 29
Saint-Brieuc ○
CÔTES-D'ARMOR 22
Quimper ○ 56
BRETAGNE
MORBIHAN
Vannes ○
35 ILLE-ET-VILAINE
Rennes ■
53 MAYENNE
Laval ○
61 ORNE
Alençon ○
28 EURE-ET-LOIR
Chartres ○
72 SARTHE
Le Mans ○
LOIR-ET-CHER
45 LOIRET
Orléans ■
Auxerre ○
89 YONNE
21 CÔTE-D'OR
Dijon ■
BOURGOGNE
39 JURA
Besançon ■
DOUBS 25
FRANCHE-COMTÉ
Lons-le-Saunier ○

LOIRE-ATLANTIQUE 44
Nantes ■
PAYS DE LA LOIRE
Angers ○
MAINE-ET-LOIRE 49
Tours ○
INDRE-ET-LOIRE
CENTRE
41
Blois ○
La-Roche-sur-Yon ○
79 DEUX-SÈVRES
85 VENDÉE
Niort ○
Poitiers ■
86 VIENNE
POITOU-CHARENTES
La Rochelle ○
CHARENTE-MARITIME 17
16 CHARENTE
Angoulême ○
87 HAUTE-VIENNE
Guéret ○ CREUSE
23
Limoges ■
LIMOUSIN
19 CORRÈZE
Tulle ○
Châteauroux ○
37
36 INDRE
18 CHER
Bourges ○
58 NIÈVRE
Nevers ○
Moulins ○
ALLIER 03
63 PUY-DE-DÔME
Clermont-Ferrand ■
AUVERGNE
42 LOIRE
69 RHÔNE
Saint-Étienne ○
Lyon ■
Bourg-en-Bresse ○
AIN 01
74 HAUTE-SAVOIE
Annecy ○
38 ISÈRE
Chambéry ○ 73 SAVOIE
RHÔNE-ALPES
Grenoble ○
05 HAUTES-ALPES
Gap ○

SAÔNE-ET-LOIRE 71
Mâcon ○

HAUTE-LOIRE 43
Le Puy ○
15 CANTAL
Aurillac ○
LOT 46
Cahors ○
DORDOGNE 24
Périgueux ○
Bordeaux ■
33 GIRONDE
AQUITAINE
LOT-ET-GARONNE 47
Agen ○
Mont-de-Marsan ○
LANDES 40
32 GERS
Auch ○
MIDI-PYRÉNÉES
TARN-ET-GARONNE 82
Montauban ○
AVEYRON
Rodez ○
12
Albi ○
81 TARN
LOZÈRE 48
Mende ○
GARD 30
Nîmes ○
07 ARDÈCHE
Privas ○
26 DRÔME
Valence ○
Digne-les-Bains ○
04 ALPES-DE-HAUTE-PROVENCE
06 ALPES-MARITIMES
Nice ○
VAUCLUSE 84
Avignon ○
PROVENCE - ALPES - CÔTE D'AZUR
13 BOUCHES-DU-RHÔNE
Marseille ■
83 VAR
Toulon ○

64 PYRÉNÉES-ATLANTIQUES
Pau ○
Tarbes ○
HAUTES-PYRÉNÉES 65
HAUTE-GARONNE 31
Toulouse ■
Foix ○
09 ARIÈGE
11 AUDE
Carcassonne ○
ROUSSILLON
66 PYRÉNÉES-ORIENTALES
Perpignan ○
LANGUEDOC-ROUSSILLON
HÉRAULT 34
Montpellier ■

Bastia ○
HAUTE-CORSE 2B
2A
Ajaccio ■
CORSE-DU-SUD
CORSE

0 ———— 200 km

GUYANE
Cayenne ■
973
100 km

GUADELOUPE
971
Basse-Terre ■
10 km

MARTINIQUE
972
Fort-de-France ■
10 km

LA RÉUNION
Saint-Denis ■
974
10 km

La France du Nord

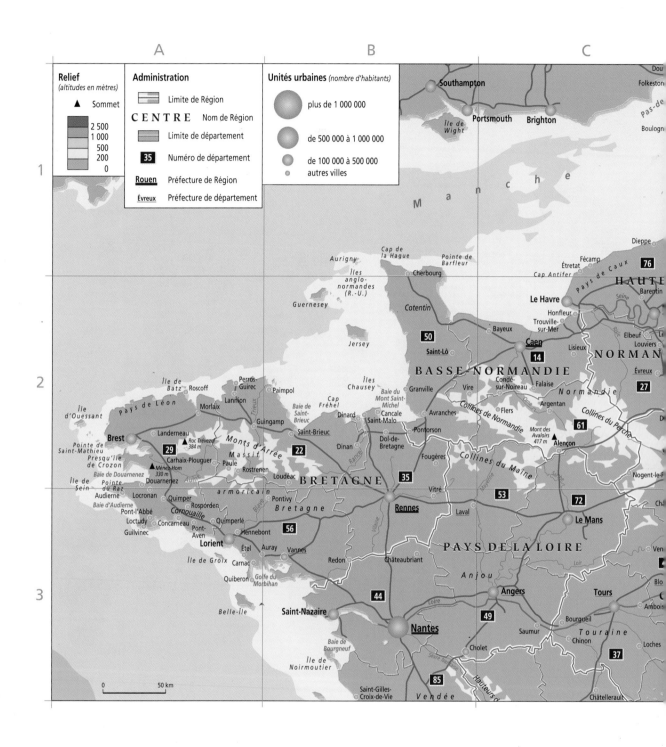

Relief
(altitudes en mètres)

▲ Sommet

2 500
1 000
500
200
0

Administration

Limite de Région

CENTRE   Nom de Région

Limite de département

35   Numéro de département

Rouen   Préfecture de Région

Évreux   Préfecture de département

Unités urbaines *(nombre d'habitants)*

plus de 1 000 000

de 500 000 à 1 000 000

de 100 000 à 500 000

autres villes

Southampton

Île de Wight

Portsmouth   Brighton

Pas-de-

Boulogn

M a n c h e

Dou

Folkeston

Dieppe

Cap de la Hague   Pointe de Barfleur

Aurigny

Îles anglo-normandes (R.-U.)

Fécamp
Étretat
Cap Antifer   Pays de Caux   76

HAUTE

Cherbourg

Le Havre

Honfleur
Trouville-sur-Mer

Barentin
Seine

Guernesey

Cotentin

Bayeux

Caen
14

Elbeuf
Louviers   Le

Lisieux

NORMAN

Jersey

Saint-Lô

50

BASSE-NORMANDIE

Granville   Vire

Condé-sur-Noireau

Falaise

Normandie

Évreux
27

Île de Batz   Roscoff

Perros-Guirec

Paimpol

Lannion

Îles Chausey

Baie du Mont Saint-Michel

Avranches

Argentan

Collines de Normandie

Flers

Mont des Avaloirs 417 m ▲ Alençon

Collines du Perche

61

Île d'Ouessant

Pays de Léon

Morlaix

Tréieux

Baie de Saint-Brieuc

Cap Fréhel

Dinard
Saint-Malo

Cancale

Pontorson

Guingamp

Saint-Brieuc

Dol-de-Bretagne

Fougères

Collines du Maine

Nogent-le-P

Brest

Landerneau

Roc Trévezel 384 m ▲

Monts d'Arrée

22

Dinan

Rennes

Vitré

72

Châ

Pointe de Saint-Mathieu

Carhaix-Plouguer

Ménez-Hom 330 m ▲

Massif

Paule

Rostrenen

35

53

Presqu'île de Crozon

Douarnenez

Baie de Douarnenez

Loudéac

Laval

Le Mans

Pointe du Raz   Île de Sein

armoricain

BRETAGNE

Audierne   Locronan

Pontivy

Baie d'Audierne

Quimper

Rosporden

Bretagne

PAYS DE LA LOIRE

Pont-l'Abbé
Loctudy

Concarneau

Quimperlé

Ven

Guilvinec

Pont-Aven

Hennebont

56

Vannes

Châteaubriant

Anjou

Angers

Tours

Blo

Amboise

Lorient

Étel   Auray

Redon

49

Bourgueil

Île de Groix   Carnac

Saumur

Touraine   Chinon

Loches

Quiberon   Golfe du Morbihan

44

Nantes

Loire

Cholet

37

Belle-Île

Saint-Nazaire

Baie de Bourgneuf

Sèvre Nantaise

Château

Île de Noirmoutier

85

Hauteurs d

Saint-Gilles-Croix-de-Vie

Vendée

0   50 km

180

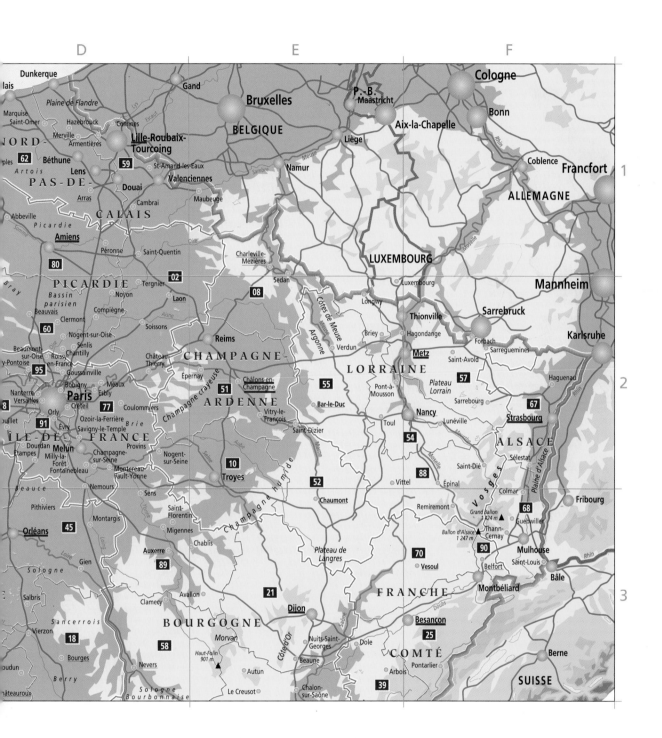

D | E | F

Dunkerque
lais
Plaine de Flandre
Gand
Bruxelles
P.-B.
Maastricht
Cologne
Marquise
Saint-Omer
Comines
BELGIQUE
Aix-la-Chapelle
Bonn
Hazebrouck
Merville
Lille-Roubaix-Tourcoing
Liège
Coblence
Francfort
ples
62
Béthune
Armentières
St-Amand-les-Eaux
Namur
1
NORD-
Artois
59
Lens
Valenciennes
ALLEMAGNE
PAS-DE-
Arras
Douai
Maubeuge
Cambrai
Abbeville
Picardie
Péronne
Saint-Quentin
Charleville-Mézières
Sedan
Luxembourg
Mannheim
Amiens
80
Bray
PICARDIE
Tergnier
02
08
Longwy
LUXEMBOURG
Bassin
parisien
Noyon
Laon
Thionville
Sarrebruck
Beauvais
Clermont
Compiègne
Soissons
Aisne
Briey
Hagondange
Karlsruhe
60
Nogent-sur-Oise
Senlis
Reims
Verdun
Forbach
Sarreguemines
Beaumont-sur-Oise
Chantilly
Château-Thierry
CHAMPAGNE-
Metz
Saint-Avold
Haguenau
2
y-Pontoise
Roissy-en-France
Goussainville
Épernay
Châlons-en-Champagne
55
LORRAINE
57
8
Nanterre
Versailles
Paris
Bobigny
Meaux
Esbly
51
ARDENNE
Bar-le-Duc
Pont-à-Mousson
Plateau Lorrain
Sarrebourg
67
Créteil
77
Coulommiers
Vitry-le-François
Nancy
Lunéville
Strasbourg
uillet
91
Evry
Ozoir-la-Ferrière
Savigny-le-Temple
Brie
Saint-Dizier
54
Saint-Dié
ALSACE
ÎLE-DE-
FRANCE
Dourdan
Étampes
Melun
Provins
Champagne-sur-Seine
Nogent-sur-Seine
10
Troyes
52
Vittel
88
Épinal
Sélestat
Plaine d'Alsace
Milly-la-Forêt
Fontainebleau
Montereau-Fault-Yonne
Nemours
Chaumont
Remiremont
Grand Ballon
1 424 m
Colmar
68
Fribourg
Beauce
Sens
Saint-Florentin
Vosges
Guebwiller
Pithiviers
Montargis
Migennes
Chablis
Plateau de Langres
Vesoul
Ballon d'Alsace
1 247 m
Thann-Cernay
90
Mulhouse
Saint-Louis
Orléans
45
Auxerre
70
Belfort
Bâle
Sologne
Gien
89
Vézelay
21
FRANCHE-
Montbéliard
3
Salbris
Clamecy
Dijon
Doubs
Sancerrois
BOURGOGNE
Nuits-Saint-Georges
Besançon
Berne
Vierzon
18
58
Morvan
Haut-Folin
901 m
Côte-d'Or
Dole
25
udon
Bourges
Nevers
Beaune
COMTÉ
Pontarlier
Berry
Autun
Arbois
SUISSE
hâteauroux
Sologne
Bourbonnaise
Le Creusot
Chalon-sur-Saône
39

181

La France du Sud

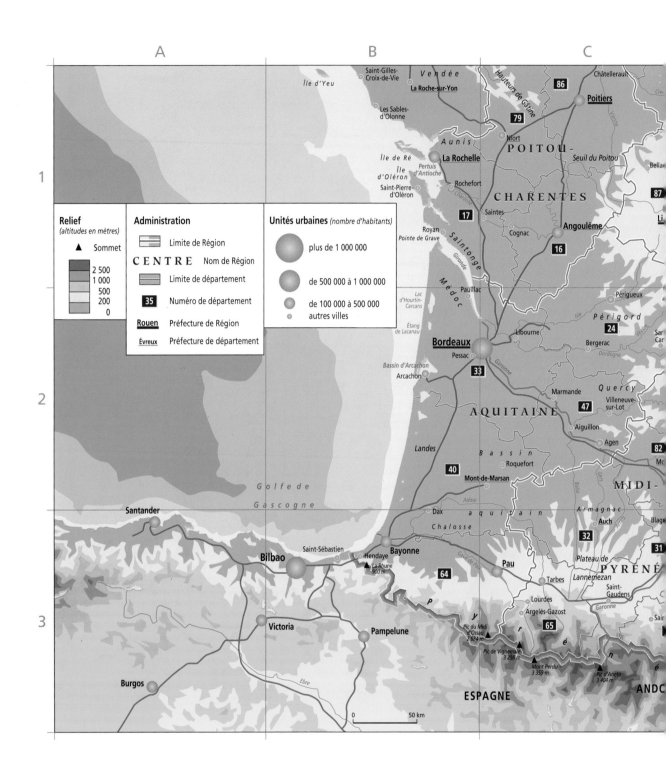

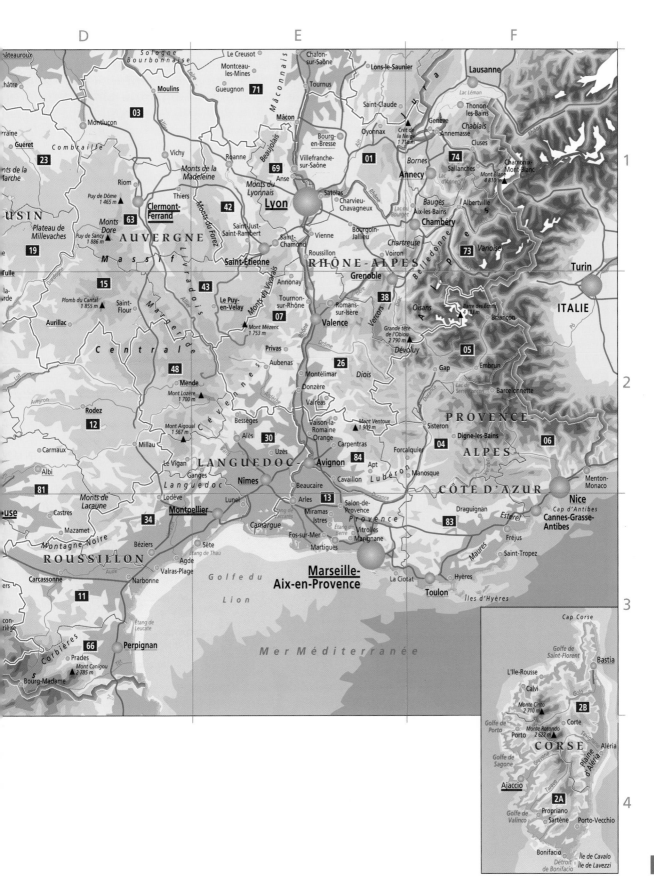

D   E   F

Châteauroux
Sologne Bourbonnaise
Le Creusot
Chalon-sur-Saône
Lons-le-Saunier
Lausanne

châtre
Montceau-les-Mines
Tournus
Jura
Lac Léman
Thonon-les-Bains

Moulins
Gueugnon **71**
Mâcon
Saint-Claude
Genève
Chablais

raine
Guéret **23**
03
Allier
Mâconnais
Bourg-en-Bresse
Oyonnax
Crêt de la Neige 1 718 m
Annemasse
Cluses

Montluçon
Combraille
Vichy
Roanne
Beaujolais
Villefranche-sur-Saône
01
Bornes
74
Sallanches
Chamonix-Mont-Blanc

Monts de la Madeleine
Anse
Rhône
Annecy
Lac d'Annecy
Mont Blanc 4 810 m
Albertville

Riom
69
Satolas
Charvieu-Chavagneux
Bauges
Aix-les-Bains

USIN
Puy de Dôme 1 465 m ▲
Thiers
Monts du Lyonnais
Lyon
Bourgoin-Jallieu
Chambéry
Lac du Bourget

Plateau de Millevaches
63
Clermont-Ferrand
42
Saint-Just-Saint-Rambert
Vienne
Chartreuse
Voiron
73
Vanoise

19
Monts Dore
Puy de Sancy 1 886 m ▲
AUVERGNE
Saint-Chamond
Roussillon
RHÔNE-ALPES

Tulle
Massif
Livradois
Saint-Étienne
Grenoble
Belledonne
Alpes
Turin

15
Plomb du Cantal 1 855 m ▲
Saint-Flour
43
Annonay
Tournon-sur-Rhône
38
Vercors
Oisans
Barre des Écrins 4 103 m ▲
ITALIE

Aurillac
Central
Le Puy-en-Velay
07
Valence
Romans-sur-Isère
Grande tête de l'Obiou 2 790 m ▲
Briançon
Pô

Mont Mézenc 1 753 m
Drôme
26
Diois
Dévoluy
05
Embrun

Privas
Aubenas
Montélimar
Mont Ventoux 1 909 m ▲
Gap
Lac de Serre-Ponçon
Barcelonnette

48
Mende
Mont Lozère 1 700 m ▲
Donzère
Valréas
Vaison-la-Romaine
Sisteron
PROVENCE

Rodez
Bességes
Orange
Carpentras
04
ALPES
06

12
Mont Aigoual 1 567 m ▲
Alès
30
Uzès
Forcalquier
Manosque
CÔTE D'AZUR
Menton-Monaco

Carmaux
Millau
Le Vigan
LANGUEDOC
Avignon
84
Apt
Lubéron
Nice
Cap d'Antibes

Albi
Ganges
Nîmes
Beaucaire
Cavaillon
Draguignan
Esterel
Cannes-Grasse-Antibes

81
Monts de Lacaune
Lodève
Lunel
Arles
13
Salon-de-Provence
83
Fréjus

use
Castres
34
Montpellier
Miramas
Istres
Provence
Saint-Tropez

Mazamet
Béziers
Camargue
Fos-sur-Mer
Vitrolles
Marignane
Hyères

Montagne Noire
Sète
Étang de Thau
Martigues
Marseille-Aix-en-Provence
La Ciotat
Toulon
Îles d'Hyères

ROUSSILLON
Agde
Valras-Plage
Golfe du Lion

11
Carcassonne
Narbonne
Aude

Étang de Leucate

66
Prades
Perpignan
Mont Canigou 2 785 m ▲
Corbières
Bourg-Madame

Mer Méditerranée

Cap Corse
Golfe de Saint-Florent
Bastia
L'Île-Rousse
Calvi
Monte Cinto 2 710 m ▲
2B
Corte
Golfe de Porto
Porto
Monte Rotondo 2 622 m ▲
Aléria
Golfe de Sagone
Plaine d'Aléria
CORSE
Golfe de Valinco
Ajaccio
2A
Propriano
Sartène
Porto-Vecchio
Bonifacio
Île de Cavalo
Détroit de Bonifacio
Île de Lavezzi

Les États de l'Europe

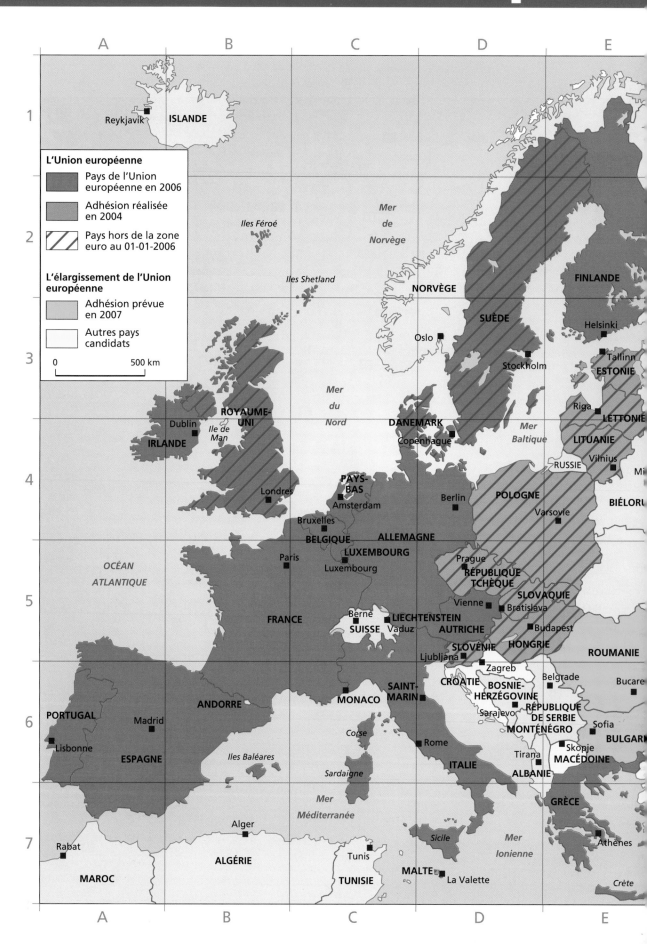

L'Union européenne

- Pays de l'Union européenne en 2006
- Adhésion réalisée en 2004
- Pays hors de la zone euro au 01-01-2006

L'élargissement de l'Union européenne

- Adhésion prévue en 2007
- Autres pays candidats

0   500 km

ISLANDE
Reykjavik

Iles Féroé

Mer de Norvège

Iles Shetland

NORVÈGE
Oslo

FINLANDE
Helsinki

SUÈDE
Stockholm

Tallinn
ESTONIE

Riga
LETTONIE

Mer du Nord

ROYAUME-UNI
Dublin
Ile de Man

LITUANIE
Vilnius

IRLANDE

Londres

DANEMARK
Copenhague

Mer Baltique

RUSSIE

Mi

PAYS-BAS
Amsterdam

Berlin

POLOGNE
Varsovie

BIÉLORU

OCÉAN ATLANTIQUE

Bruxelles

BELGIQUE
LUXEMBOURG
Paris
Luxembourg

ALLEMAGNE

Prague
RÉPUBLIQUE TCHÈQUE

SLOVAQUIE
Bratislava

FRANCE

Berne
SUISSE
Vaduz

LIECHTENSTEIN

Vienne
AUTRICHE

Budapest

HONGRIE

ROUMANIE

SLOVÉNIE
Ljubljana

Zagreb
CROATIE

BOSNIE-HERZÉGOVINE
Sarajevo

Belgrade

Bucare

PORTUGAL
Madrid

ANDORRE

MONACO

SAINT-MARIN

RÉPUBLIQUE DE SERBIE
MONTÉNÉGRO

Sofia
BULGAR

Lisbonne

ESPAGNE

Iles Baléares

Corse

Rome

Tirana
ALBANIE

Skopje
MACÉDOINE

Sardaigne

ITALIE

Mer Méditerranée

Alger

Sicile

GRÈCE

Athènes

Rabat

ALGÉRIE

Tunis

MALTE
La Valette

Mer Ionienne

Crète

MAROC

TUNISIE

Groupe		Superficie (en km^2)	Population	Capitale
UNION EUROPÉENNE	Allemagne	356 978	82 600 000	Berlin
	Autriche	83 859	8 100 000	Vienne
	Belgique	30 528	10 400 000	Bruxelles
	Danemark	43 093	5 400 000	Copenhague
	Espagne	498 538	39 400 000	Madrid
	Iles Canaries	7 492	1 900 000	
	Finlande	338 145	5 200 000	Helsinki
	France	551 602	60 200 000	Paris
	Guadeloupe	1 710	440 000	
	Guyane	90 000	190 000	
	Martinique	1 100	390 000	
	Réunion	2 510	760 000	
	Grèce	131 957	11 100 000	Athènes
	Irlande	70 282	4 100 000	Dublin
	Italie	301 308	57 600 000	Rome
	Luxembourg	2 586	460 000	Luxembourg
	Pays-Bas	41 526	16 300 000	Amsterdam
	Portugal	88 797	10 100 000	Lisbonne
	Açores	2 330	240 000	
	Madère	779	243 000	
	Royaume-Uni	244 101	59 700 000	Londres
	Suède	449 964	9 000 000	Stockholm
ADHÉSION 2004	Chypre	9 251	700 000	Nicosie
	Estonie	45 227	1 400 000	Tallinn
	Hongrie	93 030	10 100 000	Budapest
	Lettonie	64 589	2 300 000	Riga
	Lituanie	65 300	3 500 000	Vilnius
	Malte	316	400 000	La Valette
	Pologne	312 685	38 300 000	Varsovie
	Slovaquie	49 035	5 400 000	Bratislava
	Slovénie	20 256	2 000 000	Ljubljana
	Tchèque (République)	78 864	10 200 000	Prague
2007	Bulgarie	110 994	7 800 000	Sofia
	Roumanie	238 391	21 700 000	Bucarest
AUTRES PAYS OU RÉGIONS	Albanie	28 748	3 200 000	Tirana
	Andorre	468	70 000	Andorre-la-Vieille
	Arménie	29 800	3 200 000	Erevan
	Biélorussie	207 595	9 800 000	Minsk
	Bosnie-Herzégovine	51 129	3 900 000	Sarajevo
	Croatie	56 538	4 400 000	Zagreb
	Iles Féroé (Danemark)	1 399	47 000	Thorshavn
	Géorgie	69 700	4 500 000	Tbilissi
	Groenland (Danemark)	2 166 086	56 000	Nuuk
	Guernesey (Royaume-Uni)	63	65 000	Sainte-Anne
	Islande	103 106	293 000	Reykjavik
	Jersey (Royaume-Uni)	116	91 000	Saint-Hélier
	Liechtenstein	160	34 000	Vaduz
	Macédoine	25 713	2 000 000	Skopje
	Ile de Man (Royaume-Uni)	572	75 000	Douglas
	Moldavie	33 700	4 500 000	Chisinau
	Monaco	2	32 000	Monaco
	Norvège	385 156	4 600 000	Oslo
	Russie	17 075 400	143 300 000	Moscou
	Saint-Marin	60	29 000	Saint-Marin
	Suisse	41 285	7 400 000	Berne
	Turquie	780 580	69 600 000	Ankara
	Ukraine	603 700	47 100 000	Kiev
	Vatican	1	900	Vatican
	Yougoslavie	255 804	10 700 000	Belgrade

Situation au 1er janvier 2006.

Les États du monde

Carton Europe :

1	LUXEMBOURG	7	VATICAN
2	SLOVAQUIE	8	SLOVÉNIE
3	LIECHTENSTEIN (Vaduz)	9	CROATIE
4	ANDORRE (Andorre-la-Vieille)	10	BOSNIE-HERZÉGOVINE
5	MONACO	11	RÉPUBLIQUE DE SERBIE MONTÉNÉGRO
6	SAINT-MARIN	12	MACÉDOINE

NORVÈGE · Oslo
SUÈDE · Stockholm
FINLANDE
ESTONIE · Tallinn
· Moscou
DANEMARK · Copenhague
· Riga
LETTONIE
LITUANIE · Vilnius
RUSSIE · Minsk
ROYAUME-UNI · Dublin
IRLANDE · Londres
PAYS-BAS
Amsterdam · Berlin
BELGIQUE · Bruxelles
ALLEMAGNE
POLOGNE · Varsovie
BIÉLORUSSIE
· Kiev
UKRAINE
Luxembourg
Paris ·
RÉP. TCHÈQUE · Prague
SUISSE · Berne
AUTRICHE · Vienne
Bratislava 2
HONGRIE · Budapest
MOLDAVIE · Chisinau
FRANCE
Ljubljana 8 · Zagreb
ROUMANIE · Bucarest
9 10 11 · Belgrade
Corse (Fr.) 5
6 ITALIE
7 · Rome
Sarajevo
Sofia
BULGARIE
12 · Skopje
Tirana
ALBANIE
Ankara
TURQUIE
PORTUGAL · Lisbonne
ESPAGNE · Madrid
Baléares (Esp.)
Sardaigne (I.)
Sicile (I.)
GRÈCE · Athènes
MAROC
ALGÉRIE
TUNISIE
MALTE · La Valette
0 — 1 000 km

RÉPUBLIQUE DOMINICAINE · Saint-Domin...
Ar... Néer... 0

Alaska (É.-U.)
Groenland (Danemark)
ISLANDE · Reykjavik
Iles Aléoutiennes (É.-U.)
CANADA
· Ottawa
Açores (Port.)
ÉTATS-UNIS
Washington D.C.
Madère (Port.)
· Rabat
MAROC
Iles Midway (É.-U.)
Bermudes (R.-U.)
MEXIQUE · Mexico
Canaries (Esp.)
Hawaii (É.-U.)
CUBA · La Havane
Nassau BAHAMAS
Iles Turks et Caïcos (R.-U.)
Nouakchott
MAURITANIE
Kingston HAÏTI Port-au-Prince Saint-Domingue
CAP-VERT · Praia
SÉNÉGAL · Dakar
Bamako
JAMAÏQUE RÉPUBLIQUE DOMINICAINE 1
GAMBIE · Banjul
GUATEMALA BELIZE · Belmopan
Guatemala Tegucigalpa
GUINÉE-BISSAU · Bissau
San Salvador HONDURAS
Conakry
GUINÉE · Yamoussou...
SALVADOR Managua NICARAGUA
Freetown CÔTE D'IVOIRE
COSTA RICA · San José
SIERRA LEONE · Monrovia
Clipperton (Fr.)
Panama LIBERIA
PANAMA VENEZUELA · Carácas
GUYANA · Georgetown
GUINÉE ÉQUATO...
SÃO TOMÉ-ET-PR...
Bogota
COLOMBIE
Paramaribo
Guyane (Fr.)
Iles Galapagos (Éq.)
Quito · ÉQUATEUR
SURINAM
Ascension (R.-U.)
PÉROU · Lima
BRÉSIL
Ste-Hélène (R.-U.)
Iles Cook (Nlle-Z.)
· La Paz
· Brasilia
Polynésie française
BOLIVIE
PARAGUAY · Asunción
ARGENTINE
URUGUAY
Santiago ·
Buenos Aires · Montevideo
CHILI
Iles Falkland (R.-U.)
Géorgie du Sud (R.-U.)
Terre de Feu

Légende :

· Capitale d'État

0 — 1 000 — 2 000 km
à l'Équateur

Index

Index

Crédit photos

P. 6 : 1. © T. Van Sant/Geosphere project/SPL/Cosmos – P. 8 : 1. © IGN, Paris 1994 ; © Éphémère – P. 9 : 2. © Nouvelle géographie universelle : La Terre et les hommes, Hachette et Cie, 1883 – P. 10 : 1. © Y. Arthus-Bertrand/Altitude – P. 11 : 2. © Éditions Magnard – P. 12 : 1. © C. Lemant – P. 16 : 1. © Office de tourisme d'Arras – P. 17 : 3. et 4. Guide rouge Michelin, 2002 © Michelin – P. 18 : 1. © N.L. Guide Gallimard, Finistère Sud, ill. V. Brunot ; 2. © IGN, Paris 2001 – P. 20 : 1. © IGN, Paris 2002 ; 2. © IGN, Paris 2002 – P. 21 : 1. © IGN, Paris 2001 ; 2. © IGN, Paris 1997 – P. 22 : 1. © Y. Arthus-Bertrand/Altitude – P. 23 : 2. © IGN, Paris 2000 – P. 25 : 2. Atlas 2002 © Nathan – P. 26 : 1. © Cosmos – P. 27 : 3. © La Crosse Technology – P. 28 : 1. © F. Ducasse/Rapho – P. 29 : 5. © G. Rolle/Rea – P. 30 : 1. © R. Michel/Rapho ; 2. © Ph. Charliat/Rapho ; 3. © R. Michel/Rapho – P. 31 : 4. Météo-France ; 5. © R. Michel/Rapho ; 6. © P. Roy/Explorer – P. 32 : 1. © Ph. Charliat/Rapho ; 2. © J.-E. Pasquier/Rapho ; 3. © V. Muteau – P. 33 : 4. D'après Météo-France ; 5. Affiche de la préfecture de Martinique – P. 44 : 1. © AFP ; 2. © Correia-Sigla/Gamma – P. 48 : 1. a. DR b. © Szenec/Corbis ; 2. © B. Mahé/Vandystadt ; 3. © Archives Explorer – P. 49 : 4. © Mitsubishi Pencil Co, LTD ; 5. © Le Courrier de l'Unesco ; 6. a. DR b. OMS (© Who photo) ; 7. © Unicef ; 8. © M. Granger – P. 50 : 1. © Y. Arthus-Bertrand/Altitude – P. 51 : © Medialp ; 2. © Y. Arthus-Bertrand/Altitude – P. 52 : 1. © Bridgeman Giraudon – P. 53 : 3. © Bridgeman Giraudon ; 4. © Bridgeman Giraudon ; 5. © Marge/Sunset – P. 54 : 1. © A. Baudry/Fotogram Stone ; 2. © E. Poupinet/Sunset ; 3. © G. Loncel/Fotogram Stone ; 4. © L. Parrault/Ask Images – P. 55 : 5. © Hideo Kurihara/Fotogram Stone – P. 56-57 : 1., 2. et 3. © H. Champollion/Top – P. 58 : 1. La Routine par Mahaux, revue n° 644 © Pilote – P. 59 : 2. Bridgeman ; 3. © O. Belbéoch ; 4. © IGN, Paris 1992 – P. 60 : 1. © M-Sat LTD/SPL/Cosmos – P. 64 : 1. © Bridgeman – P. 65 : 4. et 5. DR – P. 66 : R © Sipa icono – P. 68 : 2. © P. Turnley/Corbis – P. 69 : 4. © P. Turnley/Corbis – P. 72 : 4. DR – P. 74 : © J. Pickerell/Rapho ; 1. © P. Wysocki/Explorer ; 2. © Rea – P. 78 : 1. © F. Jourdan/Altitude – P. 79 : 4. © Statens Kartverk 2002 ; 5. © P. Body/Hoaqui – P. 80 : 1. © G. Alberto Rossi/Altitude ; 2. © M.-C. Bordaz/Rapho – P. 81 : 3. © G. Sioen/Rapho ; 4. © Loeck Polders/Sunset ; 5. © Horizon Vision/Sunset – P. 82 : 2. et 6. © Y. Arthus-Bertrand/Altitude – P. 84 : 2. © Weiss/Sunset – P. 85 : 3. © C. Bownan/Scope – P. 86 : 1. © E. Valentin/Hoaqui – P. 87 : 4. © 1996, Bundesamt für Landestopographie, 3084 Wabern ; 5. DR – P. 89 : 2., 3. et 4. © Ceos Globe Task Team, World Date Center/D. Hastings – P. 90 : 2. © P. Blanchot/Sunset – P. 91 : 3. © Corbis – P. 92 : 2. © Antocoli-Micozzi/Gamma – P. 93 : 3. © L. Cavelier/Sunset ; 4. © Rea – P. 97 : 3. © IGN – P. 99 : 3. © M. Peres/Ask Images – P. 103 : 2. © Photo aérienne Bernard Beaujard ; 3. © Coupe/Francedias.com – P. 104 : 1. © IGN – P. 105 : 2. et 3. © Hachette ; 4. © Marie-Laure Guené – P. 107 : 3. © R. Coisne/Altitude ; 4. © Photo aérienne Bernard Beaujard – P. 109 : 2. et 3. © Y. Arthus-Bertrand/Altitude – P. 112 : 1. © Photo aérienne Bernard Beaujard – P. 113 : 2. © Y. Arthus-Bertrand/Altitude ; 4. © IGN, Paris 1998 – P. 114 : 1. © P. Plisson/Pêcheur d'images – P. 115 : 2. © Y. Arthus-Bertrand/Altitude ; 3. © Photo aérienne Bernard Beaujard – P. 116 : 1. © E. Valentin/Hoaqui – P. 117 : 2. et 4. © G. Beauzée/Urba images ; 3. © F. Achdou/Urba images ; 5. © IGN, Paris 1999 – P. 118 : 1. © P. Stritt/Hoaqui/Altitude – P. 119 : 3. © Berenguier/Jerrican – P. 120 : 1. et 2. © Mairie du Val-de-Reuil dans l'Eure – P. 121 : 6. © P. Moulu/Sunset – P. 122 : 3. DR – P. 123 : 5. © P. Moulu/Sunset – P. 124 : 1. © P. Aventurier/Gamma – P. 125 : 2. © G. Hallary/Port autonome de Paris ; 3. © Rea – P. 126 : 1. a. et b. © Éphémère ; c. © Mairie de Creully – P. 127 : 2. © IGN, Paris 2001 – P. 128 : 1. © J. Guillard/Scope et © P. Almasy/Corbis – P. 129 : 2. © IGN, Paris 2002 ; 3. © IGN, Paris 2001 – P. 130 : 1. © IGN, Paris 2001 – P. 131 : 2. © Photo aérienne Bernard Beaujard – P. 136 : 1. © IGN, Paris 2002 – P. 138 : 1. © J.-L. Charmet – P. 139 : 4. © J.-L. Charmet – P. 142 : 1. © AFP ; 2. DR – P. 148 : 2. © Y. Arthus-Bertrand/Altitude – P. 149 : 3. © Ph. Roy/Explorer – P. 154 : 1. DR – P. 156 : 1. © T. Hansen/Gamma ; 2., 3. et 4. DR – P. 157 : 5. © Éditions Albert-René ; 6. © J. Langevin/Corbis Sygma/RM – P. 158 : 1. © Rea ; 2. © Ikéa – P. 159 : 3. © F. Ansellet/Rapho ; 4. © La Vache qui rit/Bel ; 5. DR – P. 160 : 2. © AFP ; 3. © Reuters – P. 162 : 1. © Éphémère – P. 163 : 4. © Éditions Magnard ; 6. © O. Belbéoch ; 8. a. © C. Rouet/Gamma ; b. © Zapa ; c. © B. Annebisque/Corbis Sygma/RM ; d. © Images du Sud – P. 164 : 1. © B. Mollaret/Ask Images ; 2. © Klein/Hubert/Bios – P. 165 : 3. © Pasquier/Rapho – P. 166 : 1. © Fuste Raga/Jerrican – P. 167 : 3. © DR/Jerrican Air ; 4. © C. Sappa/Rapho – P. 168 : 1. © J.-L. Manaud/Rapho – P. 169 : 3. © J. Brun/Explorer ; 4. © G. Gerster/Rapho ; 5. © R. Tixador/Top – P. 170 : 1. © CNES/Spot image ; 2. © Ses Cuk – P. 171 : 3. © Silvester/Rapho ; 4. © P. Gauthier ; 5. © Greenpeace international/Sipa ; 6. © N. Quidu/Gamma

Conception maquette intérieure : Pascal PLOTTIER
Conception de couverture : Laurent LECA/Pascal PLOTTIER
Édition : Béatrice GALLO
Cartographie : Valérie GONCALVÈS – Marie-Christine LIENNARD – Christel PAROLINI
Documentation : Maryvonne BOURAOUI
Compogravure : COMPO 2000 (Saint-Lô)
Illustrations : ÉPHÉMÈRE

Achevé d'imprimer en avril 2007 par Pollina (France) - n° L43223
Dépôt légal : mars 2003 - N° d'éditeur : 2007/196